ONE MINUTE, ONE ACTION IN THE MORNING

WILL LEAD YOU A RICH LIFE

::

몸과 마음이 부자 되는 마법의 습관

::

# 매일 아침 1분으로 부자 되기 연습

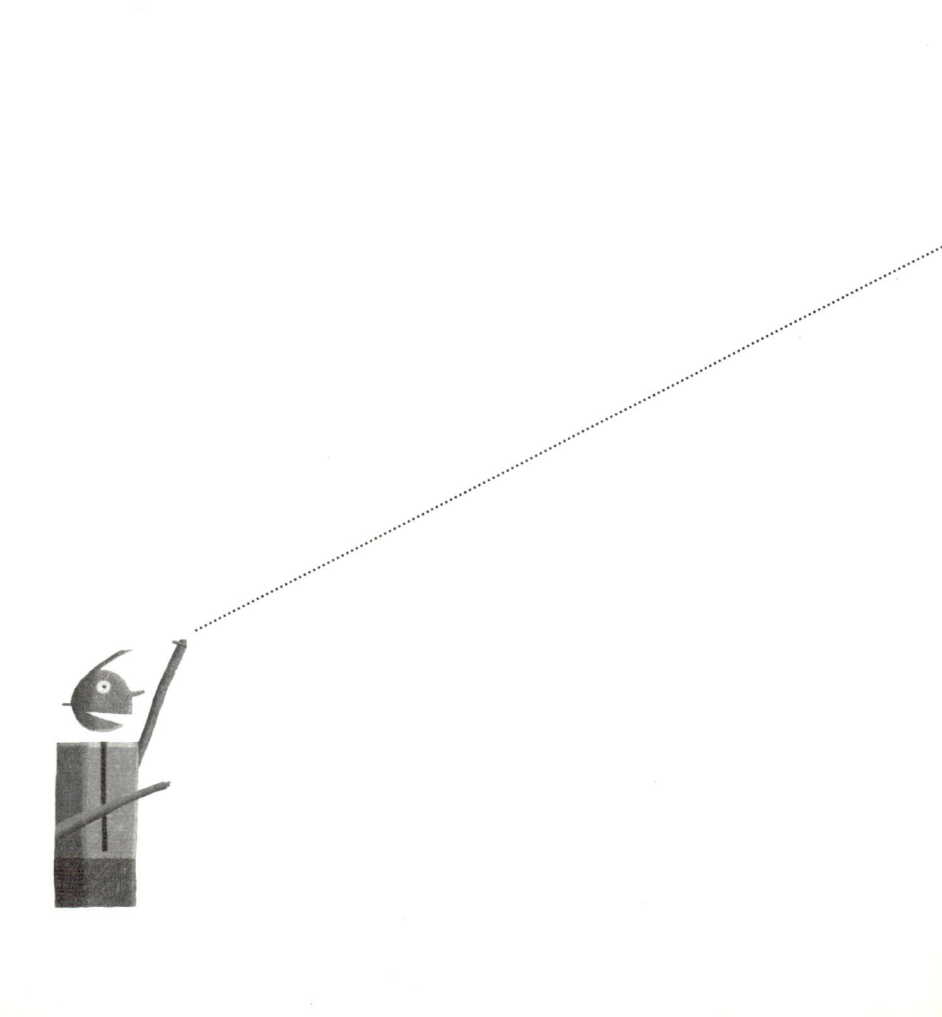

"신념이 바뀌면 사고가 바뀐다. 사고가 바뀌면 말이 바뀐다.
말이 바뀌면 행동이 바뀐다. 행동이 바뀌면 습관이 바뀐다.
습관이 바뀌면 인격이 바뀐다. 인격이 바뀌면 운명이 바뀐다."

_간디

CONTENTS ....................................................................................................

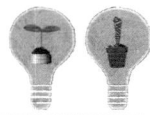

돈 걱정 같은 건 안 할 만큼 모아 놓은 돈이 충분하면 얼마나 좋을까…….

'조금만 더 수입이 늘었으면…….'

세상 많은 사람들의 골머리를 끊임없이 앓게 하는 돈 문제.

과연 어떻게 풀어야 할까?

사람들은 현재보다 평균 약 20퍼센트 정도 수입이 많아지길 원한다. 예컨대 현재 세금 떼고 실제 손에 들어오는 돈이 월 20만 엔인 신입사원은 '월급이 20퍼센트만 올랐으면 좋겠다' 몇 년 후, 경력사원이 되어 월 30만 엔을 받게 됐어도 '20퍼센트만 더 받았으면' 한다. 다시 월급이 50만 엔으로 올랐을 때도 역시 마찬가지로 '20퍼센트 더'를 바란다.

아무리 경제적으로 부족하지 않은 상태가 되었다 해도, 예전보다 훨씬 넉넉한 상태로 끌어올렸다고 해도, 결국 현 시점에서 또다시 '좀 더' 바라게 된다는 것이다.

좋게 보면 목표의식이 있는 발전지향적인 자세라 할 수 있지만, 실상은 토끼와 거북의 달리기 경주와 같다. 욕망과 현실 사이에서 늘 쫓고 쫓기는 달리기 시합이다.

다람쥐 쳇바퀴 돌듯 반복되는 욕망과 이별해야 한다.

영원히 골인 지점 따윈 보이지 않는 달리기 경주는 이제 그만둬야 한다.

그렇다면…… 맞다. 지금보다 풍요로워지면 된다.

적어도 지금보다 20퍼선트 더 벌고 싶다는 바람이 시답지 않을 만큼 아주 부유한 사람이 되는 것이다.

그렇지만 어떻게……?

지금보다 부자가 되고 싶다.

이 소망을 이룰 수 있는 아주 간단한 방법이 있다. 바로 부자들의 행동을 흉내 내는 것이다.

부자 중에서도 특히 주변 사람들에게 존경받는, 인품 좋고 마음이 넉넉한 부자의 행동과 습관을 보고 배우는 것이다.


# 행동을 바꾸면 인생이 달라진다

내가 부자의 습관을 따라하게 된 배경에는 간디 사상이 있었다.

"신념이 바뀌면 사고가 바뀐다. 사고가 바뀌면 말이 바뀐다. 말이 바뀌면 행동이 바뀐다. 행동이 바뀌면 습관이 바뀐다. 습관이 바뀌면 인격이 바뀐다. 인격이 바뀌면 운명이 바뀐다."

행동과 사고방식을 한데 연결 짓는 매우 좋은 표현이다. 이 같은 간디의 사고방식에 따르면 풍요로운 부富라는 운명을 손아귀에 거머쥐기 위해서는 먼저 신념과 사고에서 비롯된 연쇄 변화가 일어나야 한다. 그러나 사람은 느닷없이 하루아침에 신념과 사고를 바꿀 수는 없다. 굳은 결심으로 신념을 바꾸려 한다면 전혀 불가능한 일

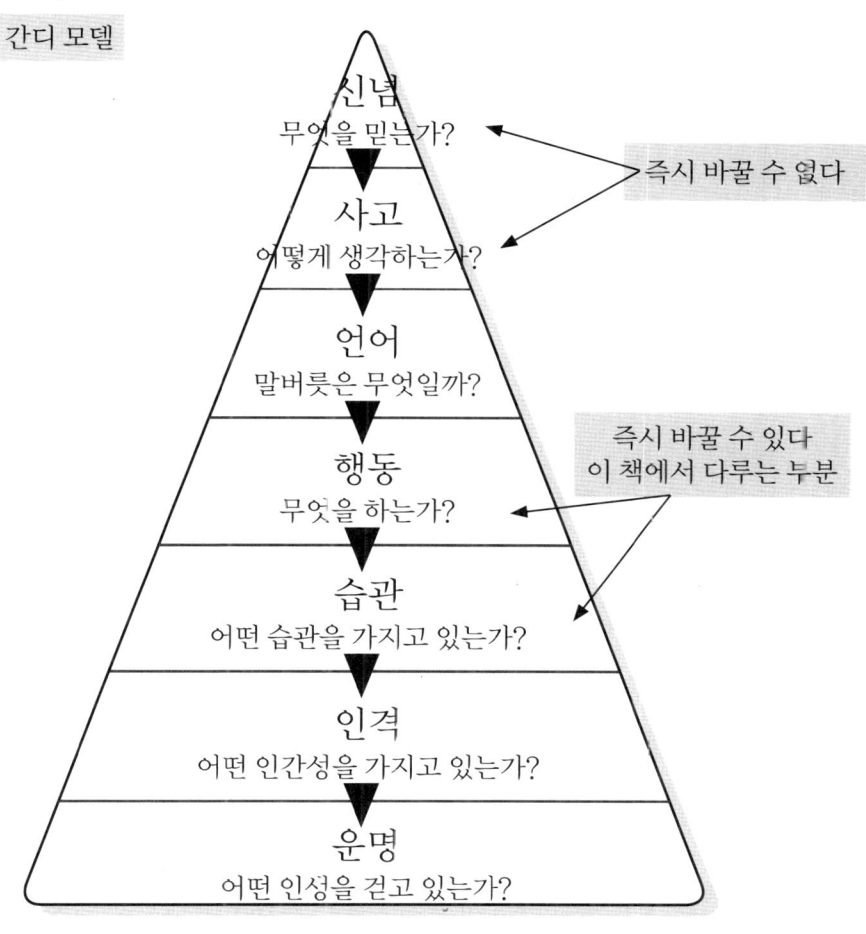

간디 모델

신념
무엇을 믿는가?

즉시 바꿀 수 없다

사고
어떻게 생각하는가?

언어
말버릇은 무엇일까?

즉시 바꿀 수 있다
이 책에서 다루는 부분

행동
무엇을 하는가?

습관
어떤 습관을 가지고 있는가?

인격
어떤 인간성을 가지고 있는가?

운명
어떤 인성을 걷고 있는가?

은 아니지만, 결코 간단하지 않을 뿐더러 대부분 도중에 어려움을
겪는다.

때문에 신념과 사고의 변화 이전에 구체적인 행동과 습관을 먼저

바꾸는 선순환을 만들자는 것이 '간디 모델'의 근간을 이루는 사고방식이다.

우선 간단히 할 수 있는 것부터 행동으로 옮겨 차츰 변화의 선순환을 가동시켜야 한다. 그 계기를 만드는 것이 롤 모델의 행동을 흉내 내는 것으로 매우 효과적인 방법이다.

매력적인 부자를 그대로 흉내 내는 것이라도 좋다. 그의 습관을 실제 행동으로 옮기는 것이 중요하다. 먼저 작은 행동부터 바꿔본다. 그리고 물에 던진 작은 돌멩이가 수면 위에 파문을 일으키고 차차 넓게 퍼져가듯 사고방식과 인생을 부자의 모습으로 바꿔간다.

그러면 마침내 부자의 운명을 거머쥘 수 있을 것이다.


## 몸과 마음이 진정 풍요로운 삶

나는 지금까지 몇 천 명의 사람들을 코칭하고, 세계 각지로 유학을 다녀오거나 30여 개국으로 여행을 다니면서 연령도 입장도 국적도 다른 다양한 사람들과 만나왔다. 그리고 그 가운데 특히 마음이 풍요로운 부자와 만날 기회가 몇 번 있었다.

연 수입으로 치면 최저 1,500만 엔에서 최고 몇 억 엔으로 평균 잡아 2,000만 엔에서 3,000만 엔 정도의 흔히 '부자'라 불리는 사람들이다. 그렇지만 그들이 단순히 돈만 많은 것은 아니었다.

그들 모두 공통으로 자신감과 겸허함이 있고 가족과 친구, 동료에 대한 애정이 가득한 훌륭한 인격의 소유자였다. 또한 타인을 위해 돈을 쓰고 감사의 마음을 전하는 것도 결코 빠뜨리지 않았다. 오로지 자기본위로 자신의 이익만을 위해 행동하는 것이 아니며 타인을 대할 때 언제나 성심을 다했다.

결과적으로 일뿐 아니라 인생 전반을 충실히 살기에 현실적으로 만족스러운 삶을 사는 사람들이다.

나는 이런 그들을 그저 '돈만 많은 부자'가 아니라 마음까지 넉넉한 사람이라는 의미에서 '진정한 부자'라 부른다.

나는 그들이 일상적으로 실천하는 '작은 습관'에 대해서 인터뷰를 하기 시작했다.

금전적인 고민에 휘둘리지 않고 넉넉한 마음으로 충실한 인생을 보내는 진정한 부자들은 어떤 특별한 행동습관을 갖고 있지 않을까? 아니, 이런 습관이 그들을 진정한 부자로 만든 이유 중 하나가 아닐까?

이런 생각이 불현듯 들었기 때문이다.

만일 내 예상이 맞는다면, 그들의 습관을 알고 그것을 자신의 것으로 받아들인다면 보다 많은 사람이 진정한 부자의 인생을 살게 되지 않겠는가. 적어도 현재보다는 몸도 마음도 풍요로워지지 않겠는가.

이런 생각을 하면서부터 진정한 부자들을 만나 많은 이야기를 나누었다. 그리고 흥미로운 사실 하나를 발견했다. 그들에게는 어떻게 돈을 쓰고 시간을 유용하게 보낼 것인가를 비롯해 가족을 배려하는 마음이나 건강에 대한 의식에서도 공통적인 습관이 있었던 것이다.

그들의 습관 하나하나를 나 스스로 실행에 옮겼다. 그러면서 그들이 어째서 진정한 부자가 될 수 있었는지 그 이유를 분명히 알 수 있었다.

내가 인터뷰를 통해 수집한 그들의 습관은 대략 700가지에 이른다. 그 가운데 적어도 두 사람 이상의 진정한 부자가 실천하고 있는 것 그리고 나 자신이 이전부터 실천해온 것과 이번 기회에 실행에 옮겨 보고 '효과 있다'고 확신한 습관들을 엄선해 정리한 것이 바로 이 책이다.

지금보다 부자가 되고 싶다.

그렇다면 이 책에 소개한 습관을 반드시 실천해 보길 바란다.

진정한 부자들이 몸소 실천하는 습관 대부분은 간단히 실천할 수 있는 것들이다. 평범한 일상의 행동을 살짝 변형한다거나 사고의 시점을 조금 바꾸기만 해도 괜찮다. 쓸데없이 시간과 돈이 드는 것도 아니다.

가능하면 많이 실천하면 좋겠지만, 단 한 가지 습관만 선택해 실행에 옮겨도 상관없다. 매일매일 실천하지 않아도 좋다. 여하튼 단 한 번만으로도 상쾌한 기분을 실감한다는 것이 중요하다. 때문에 계속할 수 있을 것 같은 습관을 꾸준히 실천하는 것으로 충분하다.


## 인생을 좋은 방향으로 이끄는 작은 습관

진정한 부자들의 습관 중 유독 참신하게 다가왔던 것은 '매일 아침 거울을 닦고 미소 짓기'다. 효과 또한 얼마나 크고 강렬한지 내가 실제 해보고 실감한 터라 비즈니스 코칭을 받으러 온 한 남성에게도 권했다.

그는 인재파견회사에 근무하는 20대 영업사원으로 마음먹은 대로 영업실적이 오르지 않아 고민하고 있었다.

매일 아침 일어나자마자 욕실의 거울을 닦는다. 그때 아주 잠깐이라도 좋으니 빙그레 웃음을 짓는다. 그다지 웃고 싶지 않을 때도 억지로 웃어본다.

그는 나의 조언대로 실행에 옮겼고, 얼마 지나지 않아 '영업실적이 올랐다'는 기쁜 소식을 전했다. 그뿐만 아니라 그의 상사까지 직접 내게 감사 전화를 했다.

"고맙습니다. 선생님 덕분에 제 부하직원이 상당히 의욕적으로 변했습니다."

거울을 닦는 것 자체는 1분도 채 안 되는 간단한 습관이지만, 이 작은 행동은 놀라운 효과를 낳았다.

직접 해보면 누구나 실감하겠지만 거울이 깨끗해지면 기분이 매우 상쾌해진다. 거울뿐 아니라 자신의 마음까지 반짝반짝 빛나는 것 같아 저절로 의욕이 샘솟는다. 또한 웃으면 얼굴 근육이 움직이기 때문에 뇌에 좋은 자극을 준다. 거울 속에서 웃고 있는 자신과 대면하면 자신감은 물론 자신에게 존경심도 생긴다.

하루가 시작되는 아침 시간을 이렇듯 기분 좋게 시작하면 그날 종일 밝은 마음으로 지낼 수 있다. 아침의 그 마음을 종일 유지하면 자연히 주변 사람에 대한 배려와 애정으로 나타난다. 이런 효과가 일상생활에도 조금씩 영향을 미친다. 업무태도나 접객태도에도 차츰 영향을 미치고 그 결과 영업실적이 향상되어 상사의 평가도 높아지는 것이다.

부자들이 경제적으로 풍요로우면서도 훌륭한 인품까지 갖추고 만족스러운 인생을 브낼 수 있는 데는 이런 비밀이 있었다. 그들은 무슨 일에서든 자신과 타인 그리고 돈에 대한 존경심이 균등하다. 그렇기 때문에 행동이나 사고방식, 인간관계, 인생관 모든 면에서 부자가 될 수 있었다.

부자는 단순히 돈이 많기 때문이 아니라 부자에 걸맞은 습관을 일상적으로 반복했기에 결과적으로 많은 돈을 갖게 된 것이다.


## 매일 아침 1분으로 부자가 된다

사람은 매일 아침 잠에서 깰 때마다 자신의 아이덴티티를 확인한다. 여행지 호텔에서 불현듯 잠이 깬 순간 누구나 생각한다.

'지금 난 어디에 있지?' 그것은 어디에 있느냐는 문제뿐만 아니라 나는 누구인가를 확인하는 작업으로 잠에서 깬 순간 무의식적으로 이루어진다.

따라서 매일 아침 부자들과 같은 습관을 실천하며 나는 누구인가를 확인하는 가운데 저절로 나는 부자라는 감각이 조금씩 쌓이지 않겠는가.

이런 까닭에 진정한 부자들의 습관을 생활에 도입해 빠른 효과를 얻고자 한다면, 무엇보다 아침 습관부터 실천에 옮기는 것이 좋다.

당신도 오늘부터 당장 실천해 보길 바란다. 비록 한 가지 습관이라도 실행으로 옮긴 작은 행동은 일상생활과 인생의 예기치 못한 곳에서 싹을 틔워 이윽고 큼지막한 결실을 맺게 될 것이다. 그 변화는 처음 일으킨 아주 작은 행동에서 시작된다.

아침 1분 동안에 할 수 있는, 작지만 위대한 부자가 되기 위한 '씨앗 뿌리기' 습관이다.

이 책에 소개된 부자들의 습관은 일상에서 얼마든지 실천 가능한 작은 행동들이다. 그러나 해낼 수 있을지 불안한 경우에는 다음 세 가지 규칙을 떠올리자.

하나, 모든 습관을 모조리 실천할 필요는 없다. 우선 '한 가지'만 실천해본다.

둘, 매일 실천하지 않아도 된다. 우선 '한 번'만 실천해 본다.

셋, 어떤 효과를 실감했거나 쉽게 할 수 있는 것만을 꾸준히 실천해 본다.

당신의 인생이 좋은 방향으로 흘러가기를 진심으로 응원한다.

# 01 | 부자로 만들어주는 아침 습관을 몸에 익히자

## 그날에 대한 감사로 하루를 시작한다

오늘 하루 동안 일어날 일들에 대해 미리 감사한다.

아침의 감사의식은 나의 일과 중 하나이기도 하다. 나는 자명종을 아침 6시 30분에 맞춰놓는다. 그리고 5분 후에 다시 한 번 울리도록 설정해 놓아 결국 알람을 꺼도 5분 뒤에 다시 한 번 울리도록 했다. 아침의 감사의식은 그 5분 동안 이루어진다. 그날 하루 일정을 머릿속에 떠올리고, 만나야 하는 사람들의 얼굴을 일일이 그린다. 그리고 전개될 상황과 성과에 대해 미리 감사한다.

"기획회의에서 훌륭한 의견이 나왔군요. 고맙습니다."

"오늘도 제 강의를 진지하게 들어준 수강생 여러분, 감사합니다."

"새로 산 컴퓨터와 무선 랜 설정이 무사히 끝났군요. 감사합니다."

"오랜만에 저녁 식사를 함께 한 친구 K, 오늘도 배꼽 빠지게 웃겨줘 고마워.'

보다 구체적인 성과를 기대하는 경우에는 기획서 3개 작성, ○○ 서류작성 등 가급적 구체적으로 떠올린다. 누군가에게 편지나 이메일을 써야 하는 경우에는 자신의 마음이 충분히 담긴 상황을 머릿속에 그린다. 아침마다 감사의식을 치르면 신기하게도 많은 일들이 기대했던 만큼 성과를 올린다.

나는 고등학교 시절 핸드볼 부였다. 우리 팀은 매년 전국 고교체육대회에 출전할 만큼 실력이 좋았다. 당시 감독님이 가장 강조했던 것은 어떤 시합이든 기필코 이기고 만다는 '정신력' 강화였다. 매일같이 힘든 연습을 하고 고도의 기술을 갈고닦아도 기 싸움에서 밀리면 경기에서 패배하고 만다.

'절대 지지 않겠다는 강한 의지만 있다면 기필코 이긴다.' 몇십 번의 경기를 치루면서 이 같은 생각은 뼛속 깊이 사무쳤다. 그리고 지금 나는 핸드볼 감독님의 '마음이 결과를 낳는다'는 가르침이 모든 상황에 그대로 적용된다는 것을 알게 되었다.

'잘될 리 없다'고 생각한 일은 역시나 순조롭게 진행되지 않았고 결과 또한 마뜩잖았다. 그러나 '절대로 잘될 것'이라 생각한 일은 실제로도 술술 풀리는 경우가 많았다.

하루가 시작되는 아침 시간에 어떤 마음을 갖는가는 매우 중요하다. 그래서 오늘 하루는 이랬으면 좋겠다는 바람을 머릿속에 떠올리고 행복한 결과를 얻었을 때의 고마운 마음을 미리 느끼고 감사한다. 머릿속에서만 이루어지는 것이기 때문에 시간도 그다지 걸리지 않는다. 아침의 긍정적인 마음이 그날 하루를 밝게 만들어준다.

 일어날 일에 대한 감사의 마음이 좋은 결과를 불러들인다. 우선 내일 아침에 하루의 일정을 머릿속에 떠올리고 '감사하다'고 말해본다. 〈1분〉

## 아침에 가장 먼저 현관을 청소한다

나는 매일 아침 일어나면 현관과 화장실을 청소한다.

24

청소를 하게 된 계기는 우리 부부에게 늘 도움을 주는 어떤 분이 "현관과 화장실은 그 집의 액을 막아주는 곳이라 항상 깨끗해야 한다"고 했기 때문이다. 특히 이른 아침에 받은 수돗물로 청스하면 좋다고 했다.

아침에 잠에서 깨던 먼저 물을 받아 현관을 깨끗이 닦았다. 그다지 지저분하지 않았지만 닦고 보니 걸레가 새까맸다. 청소를 마친 후에 얼마나 기분이 상쾌하던지! 진공청소기로 먼지를 제거하는 정도의 청소에선 맛보지 못한 청량함이었다.

그날 이후 현관 청스는 완전히 나의 습관이 되어버렸다.

현관 청소라고 말하면 거창하게 들릴지 모르지만 물걸레로 닦는 정도다.

아침에 침대에서 나와 거울을 닦고, 걸레를 빨아 현관 바닥을 닦는다. 그리고 마지막으로 화장실 청소를 한다. 얼핏 성가신 일처럼 느껴지지만 매일 하다 보니 시간도 얼마 걸리지 않는다. 나는 대개 6시 35분에 일어나 한 차례 아침 청소를 마치면 6시 45분, 고작 10분도 채 걸리지 않는다.


인터뷰한 부자들 중에서 가장 많았던 공통 습관은 바로 '청소'였다. 청소의 중요성은 여러 곳에서 빠짐없이 언급되고 있는 덕목이다. 분명한 것은 일상을 풍요롭게 살아가는 사람들 대부분이 청소 습관을 중요하게 여기고 정성껏 실천에 옮기고 있다.

평소에 무심코 미루는 일이지만 결국 부지런히 깨끗이 치우는 생활 자세가 다른 여러 행동에도 반영되기 때문일 것이다.

청소를 성심껏 한다는 것은 집, 곧 자신이 매일 생활하는 환경을 소중히 여기는 행동이다. 자신이 사는 집에 대해 경의와 감사를 표하는 행위다. 또한 방이 잘 정돈되지 않아 너저분하게 널려있으면 기분도 왠지 먼지를 뒤집어쓴 것처럼 개운하지 않다. 청소는 자신의 마음을 닦는 행위이기도 한 것이다.

사람의 눈이 닿지 않는 곳까지 세심하게 빠뜨리지 않는다, 감사의 마음을 행동으로 표현한다, 항상 청결함을 유지한다, …… 부자들의 공통된 이러한 삶의 자세가 사람을 매료시키고 돈을 불러들이는 요인일지 모른다.

지금까지 그런 습관을 갖지 않은 사람이 느닷없이 집안 구석구석을 말끔히 청소하기는 쉽지 않다. 한 번에 깔끔하게 청소하기 어렵다면 일단 화장실, 현관, 세면대, 욕실 등 어느 한곳을 깨끗하게 청소하고 유지하는 방법을 실천해 보자.

방 안도 마음속도 청결하게 먼지가 없는 상태를 유지하는 것이 풍요로운 나날을 보내는 기본자세다.

 부지런히 청소하면 마음 구석구석까지 깨끗해진다.
내일 아침에 깨끗한 물로 현관을 닦아본다. 〈1분〉

## 아침마다 거울을 닦고 웃음 지어본다

"나는 18년 전부터 매일 아침 거울을 닦는다."

아침마다 거울 닦는 나의 습관은 잘 아는 여성 CEO의 오랜 습관이다. 그녀는 매일 아침 팩을 하는 5분 동안 거울을 닦는다고 한다. 출장지나 여행지에서도 아침 잠에서 깨면 반드시 호텔의 거울이나 손거울을 닦는다는 것이다. 그녀는 경제적으로 풍요로울 뿐 아니라 아름다운 외모와 그에 어울리는 내면을 가진 멋진 여성이다.

나는 그녀의 이야기를 듣고 서둘러 따라했다. 지금까지 매일 아침 일어나 현관과 화장실을 청소해왔는데, 여기에 더해 욕실 거울까지 닦았다. 단 한 번 해봤을 뿐인데 '좋은 습관'임을 대번 알았다.

어느 청소의 달인이 한 '빛나야 할 곳이 빛나는 방은 깨끗해 보인다'는 말 그대로였다.

거울이 빛나자 욕실 전체가 환해져 마음까지 밝아졌다.

또 거울을 직접 닦아보고 한 가지 더 알게 된 사실이 있다. 거울을 닦는 행위는 곧 자신의 얼굴을 닦는 것이기도 하다는 것을.

거울을 닦으면 자연히 자신의 얼굴이 눈에 들어온다. 거울 속 얼굴은 여전히 잠을 털어내지 못했지만, 식생활 변화가 고스란히 드러나 건강을 가늠하는 척도가 된다. 거울을 닦으면서 최근 다소 과식을 했다거나 조금 휴식이 필요하다는 등, 자신에 대해 생각할 수 있다.

나는 거울을 닦으면서 한 가지를 더한다.

거울을 닦으면서 빙그레 웃음을 짓는 것이다. 사람들의 웃는 얼굴을 보는 것은 기분 좋은 일인데, 아침에 가장 먼저 자신의 웃는 얼굴을 보는 것 역시 기분 좋은 일이 아닐 수 없다.


단지 매일 아침 5분 동안 거울을 닦는다면 다소 저항감이 들 수 있다. 5분이 길게 느껴져 나는 나름대로 기준을 바꿨다. 거울이 반짝이면 그것으로 충분하다는 생각에서 실천하다보니 1분도 채 걸리지 않았다.

단 1분이지만 상쾌함은 그 어떤 것과 비할 바가 없다. 한 번 속는 셈치고 시도해 보자.

 거울을 닦으면 얼굴도 마음도 깨끗하게 닦인다.
내일 아침 욕실 거울을 닦아본다. 〈1분〉

## 부자들의 풍요로움을 낳는 씨앗 뿌리기 습관

### 환기하기

아침에 일어나면 집 안의 모든 창을 열어 공기를 바꾼다. 탁하게 잠겨있던 공기가 맑아지는 순간은 무척 상쾌하다. 집에도 좋은 영향을 미친다. 에너지 순환으로 집 안도 몸도 활력으로 차오르는 것이 느껴진다.
내일 아침 일어나 창을 연다. 〈30초〉

### 심호흡하기

나는 매일 아침 5분간 심호흡을 한다. 호흡학원에서 배운 심호흡법을 실천하기 때문에 5분의 시간이 걸리지만, '숨을

깊이 내뱉고 천천히 마시는' 심호흡을 여러 번 실행하는 것

만으로도 충분하다.

'8초 리듬'도 권할 만한 호흡법이다. 에너지를 몸에 담듯이

8초 동안 코로 숨을 마시고, 그 에너지가 몸 안을 돌고 있다

고 생각하면서 8초간 숨을 멈춘다. 그리고 몸과 마음이 정

화되는 느낌으로 8초 동안 입을 통해 천천히 숨을 토해낸

다. 이것을 5세트 정도 하면 상당히 개운해지는 것을 느낄

수 있다. 아침 햇살이 예쁜 날에는 태양의 고마움도 잊지

않는다.

지금 3회만 천천히 심호흡해본다. 〈1분〉

## 마음을 담은 식사 인사 "잘 먹겠습니다"

"잘 먹겠습니다."

이 말에는 생명을 자신의 몸으로 받아들인다는 의미가 담겨있다.

생명에 대한 감사의 표현이다.

식사 후 인사말에는 요리해준 사람, 농사 지은 사람, 운반해준 사

람, 요리가 식탁 위에 오르기까지 도움을 준 모든 사람들을 비롯해

자연에 대한 고마움이 담겨있다.

평소 나는 '잘 먹겠습니다'라고 말할 때 특별히 진심을 담는다.

눈앞에 준비된 요리를 찬찬히 보면서 두 손을 모으고 "잘 먹겠습니다" 공손히 말한다. 찬찬히 보는 이유는 요리에 담긴 생명에 대한 경의를 표하기 위해서다. 합장한 채 요리가 완성되기까지 힘을 보탠 모든 사람에게도 진심으로 감사한다. 물론 오늘도 맛있는 밥을 먹을 수 있는 상황에 있는 나 자신에 대한 감사도 빠뜨리지 않는다.

더불어 세계 곳곳 기아로 고통 받는 사람들이 이런 음식을 먹을 수 있기를 마음으로 기원한다. 이 바람의 이면에는 지금 나 자신이 아무런 제약 없이 마음껏 음식을 먹을 수 있다는 것에 감사하는 마음이 깃들어있다.


이러한 마음을 담아서 나는 항상 '잘 먹겠습니다'라는 말을 하는데 15초라는 시간을 들인다. 평범하게 감사를 표할 때보다 10초 정도 시간이 더 걸리지만 그 이상 마음은 풍요로워진다.

사람은 혼자 사는 것이 아니라 물심양면 무언가의 도움을 받으며 살아가고 있다. 살아있는 생명을 흡수하는 일은 상대의 생명을 이어가는 것이다. 그것에 확고한 책임감을 느낀다. 그리고 음식과 자신을 둘러싼, 사람과 자연의 역동적인 관계를 느낄 수 있다.

어떤 사람은 깜박 잊고 밥상을 받고도 감사인사를 하지 않는다. 감사하지 않는 하루는 어딘지 쓸쓸하다. 하루 세 번 찾아오는 식사 시간 '잘 먹겠습니다'라고 말하는 15초는 그러한 고마움을 실감하는 절호의 기회다.

먼저 아침 식탁 앞에서 '잘 먹겠습니다'라고 천천히 말하는 것부터 시작해보자. 아침은 출근준비로 정신없지만, 그래서 더욱 천천히 감사의 마음을 담아 말해보자는 것이다.

배를 채우기 전에 마음부터 '고마움'으로 채운다.

그런 하루는 분명 멋질 것이다.

 시간을 들여 '잘 먹겠습니다' 마음을 담아 말한다.
내일 아침 식탁 앞에서 15초간 천천히 말한다.
"잘 먹겠습니다" 〈15초〉

## 부자들의 풍요로움을 낳는 씨앗 뿌리기 습관

**한 발로 서서 왼손으로 양치하기**

나는 하루 세 번 식사 후 반드시 이를 닦는데, 아침에는 좀 다른 방법으로 이를 닦는다. 한쪽 발로 서서 오른손잡이지만 일부러 왼손으로 닦는다. 짧은 시간이지만 균형감각을 키우고 우뇌를 깨울 수 있어 좋다. 게다가 얼마 전부터 발바닥에 자극을 주는 지압 매트 위에서 양치를 한다. 몸 개그처럼 보이지만 늘 하던 일에 약간 변화를 주면 의외로 큰 기쁨을 얻을 수 있다.

이를 닦을 때 평소 잘 쓰지 않는 손을 사용해본다. 〈0초〉

## 현관은 언제나 말끔하게 정돈한다

부자들이 사는 집은 늘 현관이 말끔하게 치워져 있다. 쓸데없는 물건이 하나도 없어 한눈에도 깨끗하다. 현관 앞이 깨끗하면 집 안 전체도 말끔해 보인다. 외출할 때도 깨끗한 현관을 지나 출발하기 때문에 기분이 좋아진다.

　나는 아침에 현관을 청소할 때 전날 벗어 놓은 구두는 모두 신발장에 넣는다. 벗자마자 신발장에 넣으면 습기가 날아가지 않기 때문에 일부러 밤새도록 현관에 둔다.

오늘 신을 구두 외에는 모두 신발장에 넣는다. 〈20초〉

## 쓰레기도 깔끔하게 버리자

나는 집에서 회사까지 자전거로 출퇴근한다. 직선으로 편도 약 5킬로미터 코스다. 특별히 출퇴근 경로를 정해놓지 않고, 매일 조금씩 다른 길을 거쳐 다니고 있다. 때로는 멀리 돌기도 하고, 골목 하나를 더 돌아가기도 한다.

이렇게 하면 일상생활에 작은 변화가 생기고  어떤 '발견'도 하게된다. 덕분에 부자들은 쓰레기도 깔끔하게 내놓는다는 사실을 발견했다.

아침부터 풍요로움을 만끽하고 싶던 그날은 호화로운 저택이 즐비한 시부야 고급주택가를 거쳐 출근하기로 했다.

시원한 아침 공기를 가르며 고급주택가를 달리고 있자니 불현듯눈에 들어오는 것이 있었다. 대문 옆에 살며시 놓여있는 신문 다발이었다. 아마 지난 신문을 회수하는 날이었던 것 같다. 집집마다 대문 옆, 차고 앞에 내놓은 신문 다발은 조금의 흐트러짐도 없이 차곡차곡 쌓아 노끈으로 깔끔하게 묶여있었다. 마구잡이로 대충 묶어내놓은 집은 단 한 집도 없었다.

나는 거기서 부자들의 여유를 발견했다.

버리는 신문을 깨끗하게 내놓는 것은 그것을 회수해가는 사람에 대한 경의가 담겨있다. 수거하기 쉽고 편하게 신문더미가 흐트러지지 않도록 배려한 것이다.

진정한 부자, 그들은 자신만 생각하지 않는다. 모르는 사람까지 배려하는 마음의 여유가 있다. 그런 여유가 쓰레기도 깔끔하게 내놓는 것으로 이어진다.

그날 이후 나도 환경미화원을 생각해 쓰레기도 깔끔하게 정리해 내놓고 있다.

필요 없어진 물건일수록 성심껏 다룬다.
다음 쓰레기를 내놓을 때는 봉지 입구를 깨끗하게 묶는다.
〈15초〉

## 부자들의 풍요로움을 낳는 씨앗 뿌리기 습관

**혼자 출근할 때도 '다녀오겠습니다' 인사하기**
나는 출근할 때 곁에 아무도 없어도 '다녀오겠습니다'라고 말한다. 내가 사는 집에 대한 경의의 표현이기도 하고, 자신의 마음을 한껏 부추기는 행위이기도 하다. 잠자코 문을 열고 닫는 것보다 몇 배는 기분이 좋아진다.

퇴근했을 때도 마찬가지다. 집에 아무도 없어도 집 안을 향해 '다녀왔습니다'라고 말한다. 또 회사에서 일을 마치고 퇴근할 때도 고요한 사무실을 향해 인사한다. '수고하셨습니다, 고맙습니다'

지금 책을 읽고 있는 이 공간에게 '고맙습니다' 라고 말해본다. 〈1초〉

## 아침 출근길에는 기운 북돋는 말을 읊조린다

매일 아침 현관을 나와 역에 도착할 때까지 나는 '신명 나게' 라는 말을 읊조린다. 피곤할 때는 이렇게 중얼거리기만 해도 활력이 샘솟고 의욕이 생긴다. 컨디션이 좋을 때는 두말할 필요 없이 더욱 좋아진다.

'고맙군, 운이 좋아, 오늘은 좋은 날이야' 이런 말들을 10번씩 말하는 사람이 있었다. 나는 그것을 변형해 매일 아침마다 현관을 나서면서 '기쁘다, 즐겁다, 행복해, 운이 좋아, 고마워'를 몇 번이고 되뇐다. 이렇게 중얼거리는 것만으로도 그날 하루는 기분 좋게 시작된다.

지금 당장 '기쁘다, 즐겁다, 행복해, 운이 좋아, 고마워!' 라고 중

얼거려본다. 〈5초〉

**늘 다니는 길을 걸으며 자연을 만끽한다**

우거진 녹음과 새파란 하늘, 자연은 심신을 치유해준다. 에너지도 선사한다. 자연을 만끽하는 여행을 자주 떠나거나 그런 곳에서 생활하는 것이 가장 좋겠지만, 도시에 근거지를 둔 이상 그리 간단하지는 않다. 그런데 도시에서도 주위를 살펴보면 의외로 자연을 느낄 수 있는 곳이 많다. 출퇴근 길 가로수는 어떤 나무인가? 느티나무? 은행나무? 아니면 포플러? 출근길 가로수를 바라보고 살피는 것만으로도 자연을 느끼며 어깨에 힘을 빼고 직장을 향할 수 있다.

출퇴근 길에 '나무가 있는 장소'를 찾아본다. 〈0초〉

## 휴일에도 평일과 같은 시간에 일어난다

당신은 매일 기분 좋은 속도로 걷고 있는가.

누구에게나 걸을 때 기분 좋게 느껴지는 적당한 속도감이 있다. 빠르지도 느리지도 않은 '그 속도'로 걸을 때만 느낄 수 있는 상쾌함 말이다. 자전거의 페달을 밟을 때나 대화를 나눌 때, 업무를 진행할 때도 마찬가지다. 모든 행동에는 저마다 기분 좋게 느끼는 속도감이 있는 것이다.

　인생을 항상 기분 좋은 속도감으로 주체적으로 살아갈 수 있다면 분명 행복할 것이다. 그러나 안타깝게도 우리는 그러기 어려운 사회에서 살고 있다.

　회사에는 근무시간이, 학교에는 수업시간이 있다. 전철이나 버스 같은 대중교통수단도 정해진 시간에 따라 움직인다. 가게도 영업시간이, 병원도 진료시간이 있고, 하물며 회의도 시작하는 시간이 정해져 있으며, 일에도 마쳐야 하는 마감시간이 있다. 이처럼 일상에는 타인이 정해놓은 시간에 맞추지 않으면 안 되는 경우가 많다.

　문득 정신을 차리면 황망히 시간에 쫓기듯 살아 조금도 주체적으로 시간을 보내지 못하고 있다는 것을 깨닫는다. 자신의 페이스를 잃고 시간에 몸을 떠맡긴 채로 지내고 있다.

　하지만 인생의 주인공은 시간이 아니라 자신이다. 시간에 자신을 맡기는 것이 아니라 스스로 시간을 제어하고 주체적으로 자신의 시간을 살아가길 바란다.

　대부분의 부자들은 누군가 정해놓은 시간에 제어 당하기보다 주체적인 시간을 보내기 위해 방법을 궁리하고 그것을 습관화한다. 한 마디로 말해 시테크에 능하다. 그 습관 중 하나가 일찍 일어나는 것이다.

'해준다는 말이 고작 일찍 일어나는 거였어'라며 실망하는 사람도 있을지 모르지만, 실제 행동으로 옮기는 사람은 극히 일부다. 그런데 부자들은 '매일 아침 4,5시에 일어난다', '매일 6시 반부터 아침 햇살을 받으며 산책한다', '휴일에도 아침 5시에는 일어난다'고 말한다. 모두들 약속이라도 한 듯 아침 일찍 일어난다.

나 역시 아침형 인간이 되기 위해 애쓰고 있다. 과거에는 올빼미처럼 야행성 생활을 하던 시절도 있었는데, 경험해보니 역시 아침에 일찍 일어나는 생활이 훨씬 효과적이라는 것을 알게 되었다.

나는 매일 아침 6시 30분에 기상한다. 이미 말했듯이 일어나자마자 현관과 화장실을 청소하고 욕실 거울을 닦는다. 그리고 8시 30분 아침 식사하기 전까지 약 1시간 30분 동안 하는 일이 있다. 목표나 셀프이미지를 머릿속에 그리기 20분, 심호흡 5분, 영어나 중국어로 혼잣말하기 각 5분, 영어 DVD를 보거나 영어책 읽기 30분, 책읽기 30분을 실천하고 있다.

일찍 일어나서 좋은 점은 출근하기 전까지의 시간을 자유롭게 활용할 수 있다는 것이다. 이른 아침이라 업무 전화가 걸려올 리도 없고, 술 한잔 하자는 사람도 없다. 누구의 방해도 받지 않고 여유롭게 자신의 페이스에 따라 시간을 보낼 수 있는 황금시간대다.

자신의 페이스대로 하루를 시작하면 그것만으로도 기분이 상쾌하다. 그리고 그 상쾌함은 일과가 순조롭게 흘러가도록 해준다.


일찍 일어나는 습관을 갖기 위한 요령으로 전날 일찍 잠자리에 드는 것부터 시작해야 한다고 말하지만, 나는 일단 일찍 일어나는 것부터 시작하는 것이 중요하다고 생각한다.

아무리 늦게 잤어도 일단 일찍 일어나는 것이다. 내일을 위해 일찍 잠자리에 드는 것부터 시작하면 오히려 늦게 잠들게 되어 다음 날 아침에도 일어나지 못하는 악순환에 빠지기 쉽다.

그리고 일찍 일어나는 습관을 들이려면 휴일에도 평일과 같은 시간에 일어난다. 수면 습관은 21일 동안 꾸준히 일정한 시간에 일어나면 거기에 생체리듬이 맞춰져 그 시간이 되면 저절로 잠이 깬다고 한다. 따라서 익숙해질 때까지는 몸이 일정한 시간에 일어나는 것을 기억하도록 한다.

그렇지만 누구에게나 느긋하게 늦잠을 즐기고 싶은 날이 있다. 그런 날에는 일어났다가 다시 자면 된다.

여하튼 요일에 상관없이, 휴일이든 평일이든, 같은 시간에 일어난다. 도무지 졸려서 견딜 수 없을 때를 대비해 일단 잠에서 깬 다음 다시 자면 된다는 규칙을 세워 놓는다.

사전에 예외를 설정하고 규칙을 정하는 것이 습관을 이어가는 요령이다.

 인생의 주인공은 시간이 아니라 바로 나 자신이다.
이번 휴일에는 평일과 같은 시간에 일어난다. 〈0초〉

## 아침마다 꿈과 비전을 되새긴다

당신은 인생의 목표와 꿈을 가지고 있는가?

인생의 명확한 목표나 꿈을 종이에 적어놓은 사람은 전체의 10퍼센트라 한다. 그리고 목표나 꿈을 적은 종이를 정기적으로 들여다보는 사람은 다시 그 중의 10퍼센트에 지나지 않다고 한다.

결국 꿈과 목표를 명확히 종이에 적고, 그것을 정기적으로 보는 사람은 백 명 중 단 한 명이라는 얘기다.

이런 반면 내가 만난 부자들 중에는 '인생의 명확한 목표를 가지고 있고 매일 그것을 확인한다'고 말한 사람들이 적지 않았다. 어쩌면 이것이 그들이 부자가 될 수 있었던 중요한 요인이 아닐까?

어떤 사람은 자신의 목표를 적은 종이를 화장실에 붙여놓고 화장실에 갈 때마다 본다고 했다. 그리고 화장실에 붙여둔 목표는 지금까지 모두 실현됐다고 했다.

또 다른 어떤 사람은 새해가 되면 부부가 함께 목표를 정하고 그것을 현관 옆에 붙여놓는다고 한다. 현관문을 나설 때마다 자연히 보게 되어 부부는 항상 목표를 의식하고 있다는 것이다.

나는 '드림 클로버'라 이름 붙인 나름의 비전 보드를 침대 옆 벽에 붙여두었다.

비전 보드는 세로 약 80센티미터, 가로 약 1미터의 흰 모조지다. 이 공간의 하단부에는 '지금까지의 경험', '가진 능력'을 적고, 상단부에는 '나를 위해 앞으로 할 일', '남을 위해 앞으로 할 일(공헌하고 싶은 일)', '갖고 싶은 것(물건은 물론 리더십처럼 눈에 보이지 않는 것까지)', '느끼고 싶은 감정'을 키워드로 적어놓았다. 예를 들면 다음과 같다.

〈하단부〉

지금까지의 경험 …… 중국 유학, 다이어트, 어학 지도

가진 능력 …… 체력, 프레젠테이션 능력, 건강, 가족

〈상단부〉

나를 위해 앞으로 할 일…… 법인 대상의 프로그램, 스카이다이빙

남을 위해 앞으로 할 일(공헌하고 싶은 일)…… 세상의 건강을 위해, 국가에 보내는 선물

갖고 싶은 것…… 겉허, 마케팅 능력, 스페인어

느끼고 싶은 감정…… 기쁨, 즐거움, 고마움


비전 보드에는 '○○년까지 상장', '○○년에는 신규 사업 설립'처럼 구체적으로 쓰지 않고 키워드로 적는 것이 포인트다. 추상적인 표현이 잠재의식에서 무리 없이 받아들이기 때문이다.

하단부와 상단부의 내용이 전혀 연관성이 없어도 괜찮다. 하단부에는 지금까지 자신이 겪은 경험과 자신에게 있는 능력을 생각나는 대로 적는다. '앞으로 할 일'에 전혀 도움이 되지 않는 것이라도 모두 적는다.

지금까지의 경험과 자신에게 있는 능력이란, 자신이 이상적으로 생각하는 꿈과 목표를 향해 나아가는 힘이 되는 경우가 많다. 전혀 예기치 못한 곳에서 힘을 보태어 꿈과 목표 실현에 기여하는 것이

다. 이런 경험과 능력을 구체적으로 비전 보드에 적고 매일 보다 보면 '꿈과 목표를 실현시키기 위해 이렇게나 많은 자원을 갖고 있다'고 깨닫게 되는 동시에 자신의 능력을 꿈과 목표에 자연스럽고 손쉽게 연관 짓게 된다.

그 결과, 꿈과 목표를 실현시킬 가능성이 한층 높아진다.


또, 비전 보드에서 중요한 것은 자신이 느끼고 싶은 감정을 명확히 해두는 것이다.

사람은 어떤 감정을 만끽하기 위해 목표를 세운다. 그러나 목표를 달성한 뒤에도 아무런 감정이 들지 않아 불행하다면 의미가 없다. 큰 부자가 되어도 마음이 행복하지 못하다면 부자가 되는 의미가 없다는 말이다. 따라서 최종적으로 자신이 어떤 감정을 느끼고 싶은지, 그것을 명확히 해두어야 한다.

사진이 있다면 붙이고, 그림으로 그릴 수 있다면 그린다. 흔히 원하는 것이 있으면 그 사진을 붙여놓고 항상 보라고 말한다. 하지만 실제로 자신이 원하는 것과 딱 맞는 사진을 찾기란 그리 간단한 일이 아니다.

그래서 좀 더 간단하면서도 같은 효과를 기대할 수 있는 방법으로 추상적인 키워드를 적어 두고, 우연히 발견한 사진이나 그림을 붙이는 방식의 비전 보드를 만들라는 것이다. 생각만으로도 즐겁고 두근두근 가슴 설레는 마음으로 키워드와 그림을 알록달록 정성껏 적고 그린다.

나는 매일 아침 일어나자마자 이 비전 보드를 바라본다.

기상 직후와 취침 직전은 잠재의식과 현재의식의 경계가 애매한 상태다. 이 상태에서 목표를 각인시키는 것이 무엇보다 중요하다. 그래서 비전 보드는 잠자리에서 일어나자마자 볼 수 있도록 침대 옆에 붙인다.

지금까지 비전 보드에 적거나 그린 나의 목표와 꿈은 상당 부분이 실현됐다. 게다가 비전 보드를 보고 있으면 기회에 민감해진다.

예컨대 나는 예전부터 몸에도 좋고 뇌에도 좋은 강좌를 개설하고 싶다는 생각을 어렴풋이 가지고 있었다. 그래서 비전 보드에 '바디 & 브레인'이라는 키워드를 적었다. 그러던 어느 날 도쿄 롯폰가에서 살사교실을 열고 있는 한 여성과 우연히 만났다. 그때 '이 사람이라면 함께 뭔가를 할 수 있겠다'는 느낌이 강하게 밀려왔다. 그로부터 몇 개월 뒤 나는 그녀와 함께 '바디 마스터리Body Mastery'라는 몸과 뇌를 사용해 자기표현을 하는 강좌를 개설했다.

앤드류 카네기는 '기회와 만나지 못하는 사람은 단 한 명도 없다.

단지 그것을 기회로 만들 수 없었을 뿐'이라고 했다.

비전 보드에 국한하지 않고 명확한 목표를 갖고 늘 확인하며 살아간다면 실현시킬 기회가 쉽게 찾아온다. 그리고 기회가 찾아왔을 때 바로 손쉽게 행동으로 옮길 수 있다.

당신은 원하는 것을 얻고 있는가?

당신이 하고 싶은 것을 실현시키고 있는가?

먼저 자신의 꿈이나 목표를 명확히 할 것. 그리고 그것을 늘 잊지 않고 확인할 수 있도록 연구한다. 그렇게 하면 꿈이나 목표의 실현에 한 걸음 다가갈 수 있다.

 목표를 늘 의식하면 기회에 민감하게 반응할 수 있다.

비전 보드에 적을 키워드를 노트에 적어보자.〈5분〉

## 타임라인 엑서사이즈로 목표를 머릿속에 그린다

타임라인 엑서사이즈란 자신의 10년 뒤, 3년 뒤, 1년 뒤, 반년 뒤, 1개월 뒤의 구체적인 목표를 매일 아침 몸과 뇌에 아로새기는 작업이다. 꿈이나 목표를 확실히 실현시키기 위한 방법이다.

46

자신의 꿈이나 목표를 실현시키기 위해서는 앞에서 말한 비전 보드처럼 추상적으로 잠재의식에 접근하는 방법과 목표를 브다 구체적으로 설정하고 그것을 반복해 확인하는 방법 모두가 필요하다. 타임라인 엑서사이즈는 후자의 방법 중 하나로 NLP 신경언어 프로그래밍이라는 심리학적 사고를 근간으로 한다.

맨 처음 할 일은 목표 설정이다.

나는 일·커리어/사회공헌, 경제/쇼핑, 건강, 가족·파트너, 인간관계·인간성, 공부·자기계발·능력, 놀이·여가·취미, 물리적 환경 등 8가지 카테고리를 설정해놓았다.

8가지 각각의 카테고리에서 10년 후, 3년 후, 1년 후, 반년 뒤에는 어떤 상태에 있을 것인가를 생각했다. 그리고 컴퓨터를 이용해 그것을 한눈에 알아볼 수 있도록 정리했다.

예컨대 10년 뒤에 이루고 싶은 목표가 몇 가지 있는데, 그 중 하나는 마크로비오틱 병원을 설립하는 것이다. 10년 뒤의 목표가 지금의 나로서는 도저히 상상할 수 없을 만큼 거창한 것일지드 모른다. 내가 쓴 소설이 영화화되고, 세계 각지에서 동시에 상영된다. 세상 사람들에게 좋은 영향을 미치고 흥행수입은 100억 엔에 이른다. 이런 목표라도 상관없다.

10년 뒤의 목표를 설정했다면 그 목표를 달성하기 위해 3년 뒤에는 어떤 상태여야 하는가, 그리고 1년 뒤에는, 반년 뒤에는……, 이런 식으로 목표를 설정하고 있다. 목표는 현재형이나 과거형으로 쓰는 것이 포인트다.

타임라인 엑서사이즈는 이러한 목표를 일람표로 만들어 프린트한 뒤 보면서 행한다.

먼저, 그 자리에 서서 눈을 지그시 감는다. 그리고 1개월 뒤 목표를 이룬 자신을 사실적으로 머릿속에 떠올린다. 내가 바라는 상황을 영상으로 떠올리고 그 속에 들어간다. 텔레비전 영상을 객관적으로 멀찌감치 떨어져 보는 것이 아니라, 텔레비전 영상 속으로 들어가 주인공이 되어 주체적으로 움직인다. 거기서 무엇이 보이는가, 무엇이 들리는가, 무엇이 느껴지는가, 그때 자신은 어떤 감정을 갖고 있는지 이미지로 기억한다.

그것을 충분히 머릿속에 그렸다면 지금 서 있는 곳에서 한 걸음 더 나아가 반년 뒤 목표를 이룬 자신을 다시금 사실적으로 떠올린다. 이렇듯 한 걸음씩 나아가면서 1년 뒤, 3년 뒤, 10년 뒤로 이어간다. 이렇게 하면 늘 구체적인 목표를 확인할 수 있고, 좀처럼 기회를 놓치지 않는 체질이 된다. 바라는 소망이 저절로 찾아오는 것이다.

나는 타임라인 엑서사이즈를 매일 아침 실천하고 있는데, 그 효과는 가히 절대적이다. 새로운 강좌개설, 책 출판 등 목표한 대로 차근차근 이루어지고 있다.

게다가 타임라인 엑서사이즈를 매일 아침마다 실천하면 하루하루가 만성적으로 흘러가지 않는다. 결국 꿈과 목표를 향해 주체적으로 살아가게 된다.

몇 년 전부터 '이런 일을 하고 싶다'고 생각만 할 뿐, 좀처럼 구체적인 행동으로 옮기지 못하는 사람에게 타임라인 엑서사이즈는 그 꿈을 향해 현실적으르 내딛는 첫걸음이 될 것이다.

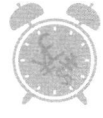 매일 머릿속에 그렸던 미래는 그대로 현실이 된다.
10년 뒤의 독표 중 하나를 노트에 적어본다(15초).

## 목표에 지나치게 집착하지 않는다

매일 아침 나는 목표와 꿈을 실현하기 위해 비전 보드를 바라보고 타임라인 엑서사이즈로 꿈을 이룬 이후의 내 모습을 사실적으로 이미지화 하는 훈련을 하고 있다. 하지만 한편으로는 지나치게 목표에 집착하지 않는다.

목표를 명확히 세우고, 어떻게든 그것을 달성하려는 강한 의지를 가지고 최선을 다하는 자세는 매우 중요하다. 하지만 나는 한 가지 목표에만 집착하고 싶지 않다.

목표달성을 위해 해야 할 일을 철저히 하면서도 마음 한구석에서는 '그 목표가 이뤄지지 않아도 다른 길은 얼마든지 있다'는 여유를 갖는다. 무슨 일이 있어도 목표를 달성하겠다는 강한 의지로 노력했지만 실패한 경우 체념하고 낙관하는 마음이 되는 것도 중요하다. 기필코 해내고 말겠다는 저돌적인 사람보다 목표에 대해 살짝 힘을 빼고 긴장하지 않은 사람에게 신은 미소 짓기 때문이다.

집착은 좋은 에너지를 생성하지 못한다.

자칫 지나치게 목표에 집착하면 그것을 달성하기 위해 수단과 방법을 가리지 않는다. 과정의 중요성을 간과해 버리기 십상이다.

예를 들어 회사의 매출 목표라는 것이 그렇다. 목표에 집착하면 산지를 속이고 제조일자를 허위로 작성하거나 강압적으로 물건을 파는 등 목표달성을 위해 물불을 가리지 않게 된다.

내 집을 갖겠다는 목표 또한 그렇다. 내 집을 장만하기 위해 주택 대출 융자를 받은 다음 식비를 줄이고 여행도 못가고 멋도 내지 않는다.

물론 가치관은 사람마다 제각각이어서 '내 집 마련'에 대한 의미를 강하게 부정할 마음은 없다. 그러나 '내 집 마련'이라는 목표에 집착한 나머지 사람들은 과정의 소중함을 잊기 일쑤다. 내 집 다련을 위해 몇 십 년 동안 자린고비가 되어 진정 행복한 삶은 간과하고 있지는 않는지……. '가족을 위해서'라는 명목으로 대출을 받아 내 집을 마련하고, 대출금 상환 때문에 야근과 잔업을 하다보면 결과적으로 가족과 함께 하는 시간이 적어진다. 진정 중요한 것은 집 자체가 아니라 가족이라는 사실을 잊어서는 안 된다.

목표에 집착하면 자칫 사람은 이런 과오를 범하게 된다.


나는 목표에 대해서는 편안한 마음을 갖는 게 바람직하다고 생각한다. 마치 '목표'라는 섬을 향해 떠나는 범선에 오른 기분으로.

다행히 바람이 잘 불어 주면 목표라는 섬으로 곧장 향한다. 그러나 뜻하지 않은 강풍이 불고 조류의 흐름에 떠밀려 목표에서 멀어질지도 모른다. 하지만 전화위복이라고 '더 좋은' 목표의 섬과 만날 수도 있다. 그도 좋지 않은가. 그러니 지금 불고 있는 바람을 만끽하

자. 바람이 불지 않아도 자신의 목표를 바꾸는 경우도 있다. 어떠한 경우라도 목표에 이르는 항로를 즐기도록 하자.

목표에 대해서는 늘 여유를 두고 생각한다.

 목표는 중요하지만 그것에 지나치게 집착하지 않는다.

자신에게 중요한 목표를 두 가지 더 생각해본다.〈5분〉

# 02 | 돈에 대한 존경심을 가져라

## 지폐 속 인물에게 관심을 가져라

돈에 대한 존경심을 키우려면 돈 자체에 대해 흥미를 가져보는 것이 좋겠다.

며칠 전 우연히 후쿠오카 신이치 지음 《생물과 무생물 사이》라는 책을 읽었다. 지금까지 상상했던 성실한 세균학자 노구치 히데요의 모습과 책 속 인물이 현격히 달라 깜짝 놀랐다. 일본에서는 위대한 업적을 이룬 학자로 유명하지만 그가 미국에서 연구활동을 했을 당시의 연구성과는 그다지 좋지 않다고 한다. 게다가 술고래에 플레이보이 기질이 다분했다고 한다. 그렇다고 그에게 환멸감을 느낀 것은 아니다. 단지 매일 사용하는 천 엔짜리 지폐 속 인물에 대해 정작 아는 것이 없다는 사실을 실감했을 뿐이다.

우리는 돈을 단순한 사물로 보고 교환의 수단으로밖에 생각하지 않는다. 마음 내키는 대로 써버리고 좀처럼 자신에게 되돌아오지 않는다고 한탄한다. 그리고 보면 지폐에는 웃음과 눈물, 기쁨과 슬픔은 물론 돈에 집착하고 억울해 하는 우리의 인생이 담겨있다. 지폐에 그려진 그림 하나에도 인생이 담겨있다 생각하니, 지금까지와 달리 돈이 사랑스럽지 않은가?

1만 엔 지폐의 앞면을 장식한 후쿠자와 유키치는 무엇을 했던 사람이며, 뒷면에 등장하는 봉황은 어떤 의미인지 알아본다. 후쿠자와 유키치의《학문의 권유》나 히구치 이치요의 단편소설《키 재기》를 읽어 보는 것도 재미있겠다.
약간만 살펴봐도 돈에는 의외로 많은 이야기가 담겨있다.

예를 들어 1만 엔 지폐에 그려진 후쿠자와 유키치의 초상화는 유키치 본인이 가장 좋아했던 56세 당시의 사진을 기초해 그린 것이라 한다. 아홉 명의 자식을 둔 그는 56세 당시 자녀 중 몇 명이 결혼해 손자도 있었다. 미이지 시대의 계몽사상가로 알려진 그이지만 지폐 속 모습은 자녀와 손자들을 따스하게 지키는 아버지요, 할아버지였다.

5천 엔짜리 지폐에 등장하는 히구치 이치요의 생애는 아이러니하게도 곤궁했다고 한다. 24세라는 젊은 나이에 세상을 떠났는데, 지폐에 인쇄된 초상화는 23세 무렵의 것이다. 먼 곳을 바라보는 젊은 그녀의 눈동자에는 두엇이 비치고 있었을까?

돈은 자신을 좋아하는 사람의 곁으로 모인다. 돈을 소중히 여기는 사람의 곁으로 반드시 되돌아온다. 내 주위에 있는 부자들은 하나 같이 존경심을 갖고 돈을 더한다. 그래서 그들은 부자가 될 수 있었던 것이다.

돈에 애착을 갖기 의해, 친밀감을 가지고 소중히 대하기 위해 제일 먼저 돈에 대해 알아보는 것이 어떨까?

먼저, 지폐를 찬찬히 살펴보는 것만으로도 충분하다.

1만 엔짜리 지폐에 그려진 후쿠자와 유키치의 얼굴에는 복점이 있다. 그 복점이 몇 가고 어디에 있는지 알고 있는가? 꼭 확인해 보길 바란다.

## 돈을 내면서 '친구들을 데려오라'고 말한다

'고맙습니다! 친구들 많이 데리고 오세요.'

부자들 중에는 돈을 치를 때 마음속으로 반드시 이렇게 말하는 사람이 꽤 있다.

나도 흉내 내어 마음속으로 말한다. '그럼 또 만나자.' 지갑에서 나가는 돈을 기분 좋게 보내주는 것이다.

점포 계산대나 은행 창구에서 돈을 지불할 때 당신은 어떤 마음인가? '왜 자꾸 돈이 나가기만 하지?', '이번 달에도 과소비를 하고 말았어.'라는 생각을 하는가? 물론 나도 이런 생각을 할 때가 있다. 그렇지만 가급적 다음과 같이 생각하려고 한다. '이 돈은 앞으로 나를 행복하게 해주고, 어떤 형태로든 내 곁으로 다시 돌아올 것이다.'

돈이 지갑에서 나가면 두 번 다시 돌아오지 않을 것 같다. 맞다.

한 번 떠나버린 돈은 저절로 내 지갑으로 되돌아오지 않는다. 그렇지만 돌고 돌아서 그 혜택을 받기도 한다. 게다가 그 과정에서 그 돈은 누군가에게 행복을 선사할지도 모른다.

예를 들어 슈퍼마켓에서 물건을 사고 지불한 돈은 그 가게 점원의 급료 일부가 된다. 그 사원은 아이에게 장난감을 사줄지도 모른다. 물론 아이는 장난감을 받고 행복해 할 것이다. 장난감 가게의 수입은 자신이 일하는 제조사의 상품을 구매하는 데 사용될지도 모른다. 혹은 세금이라는 형태로 사회에 환원되어 바로 내가 혜택을 입을지도 모른다.

자신이 사용한 돈은 어느 사이엔가 다시 자신의 곁으로 돌아온다. 따라서 돈을 쓸 때는 기분 좋게 떠나보내는 것이다. 분명 돈도 손을 흔들며 '또 올게요' 하며 기분 좋게 떠날 것이다. 그리고 은행에서 돈을 찾아 지갑에 넣을 때나 돈을 내고 잔돈을 받을 때는 '다시 와줘 고맙다'고 기분 좋게 맞이한다.

 기분 좋게 떠나간 돈은 반드시 자신에게 돌아온다.
다음번 돈을 낼 때는 마음속으로 상냥하게 말을 건넨다.
〈3분〉

# 돈 모을 때 누구를 행복하게 할 수 있는지 생각한다

돈이 끊임없이 들어오는 사람과 그렇지 못한 사람이 있다. 경제적으로 넉넉한 사람과 늘 돈에 쪼들리는 사람이 있다. 그 차이는 돈을 모으거나 쓸 때의 '생각'에서 나온다.

돈이 모이는 사람은 어떻게 쓸까를 구체적으로 떠올린다.

돈이 좀처럼 모이지 않는 사람의 대부분은 막연하게 더 많은 돈이 있었으면, 월급이 좀 올랐으면… 생각한다. 그 돈이 무엇 때문에 필요한지 구체적으로 생각하지 않는다.

반면 돈이 모이는 사람은 수중에 들어온 돈이 자신의 행복뿐 아니라 누군가의 어떤 행복에 기여하는가를 생각한다. 자신이 그 사람에게 어떤 행복을 안겨주는가, 그 행복을 만들기 위해 얼마의 돈이 필요한가를 구체적으로 생각한다.

돈이 모이지 않는 사람은 바로 이 부분이 빠져있다. 자신의 행복만을 위해 얼마의 돈이 필요하다는 생각뿐이다.

비즈니스도 마찬가지다. 승승장구하는 기업은 타인의 행복을 가장 먼저 생각한다. 소비자에게 기쁨을 안겨주고 싶다, 어려운 처지에 놓인 사람을 돕고 싶다, 이러이러한 사람에게 힘이 되고 싶다. ……이런 행복 만들기에서 출발해 그 결과로 이익이 뒤따른다. 사원도 고객도 행복의 흐름에 편승한다. 이것이 역전되어 오직 이익만을 우선시한다면 언젠가 그 기업은 파산하고 말 것이다. 자신도 행복하고  어느 누군가도 행복해지는 소비를 하면 자연히 돈은 들어오게 마련이다.

따라서 돈을 모으려고 한다면 막연하게 저축만 생각할 것이 아니라, 무엇을 위해 얼마가 필요한지를 구체적으로 이미지화 하는 것이 좋다. 그 때문에 다른 누군가가 행복해질지 구체적으로 생각한다. 평소에도 이런 생각을 해보자.


우리 집에서는 기본적으로 국내에서 재배된 유기농 야채를 먹는다. 건강을 생각한 것인데, 유기농 야채는 농약을 사용한 야채에 비해 몇 배로 값이 비싼 것도 있다.

싼 것이 최고라는 손익계산만으로 야채를 선택하는 것도 하나의 방법이다. 그러나 장기적 안목으로 본다면 다소 비싸더라도 몸에 좋은 유기농 야채가 단연코 낫다. 값이 비싸도 계속 구매하는 소비자가 있다면, 유기농 야채는 자연히 안정적인 판로를 확보하고 차츰 값도 떨어져 더 많은 사람들의 건강에 이바지하게 된다. 또한 국

산 농산물의 자급률 상승으로도 이어진다. 더불어 우리 집이 유기
농 야채를 구매하는 데는 또 다른 이유가 있다.

싼값에 행복감을 느낄지도 모른다. 그러나 그것은 고작 자신만을
위한 행복이다. 이왕 쓰는 돈이라면 자신 이외의 누군가의 행복으
로 이어지도록 소비하는 것은 어떨까?

 돈은 자신뿐 아니라 타인의 행복을 위해 사용한다.
최근 구입한 물건으로 누구에게 어떤 행복을 안겨주었는 지
상상해본다. 〈5초〉


## 카드보다 현금으로 지불한다

내가 만난 부자들의 공통점은 어떤 일에든 애매하게 굴지 않는다
는 것이다.

그들은 모든 일에 분명하다.

예를 들어 선물을 받더라도 그날 중에 답례편지를 보내거나 전화
를 건다. 술을 마시지 않겠다고 결심하면 단 한 방울도 입에 대지 않
는다. 또한 만나고 싶은 사람이 있다면 '다음에 한 번 봅시다'가 아니

라 '다음번 언제 볼까요?'라며 구체적인 날짜를 정한다.

이렇듯 애매하게 얼버무리지 않고 명확히 짚고 넘어간다.


돈을 쓰는 방법도 마찬가지다.

내가 취재한 사람들의 대부분은 가급적 지불은 현금으로 한다고 했다. 부자라면 현금보다는 카드를 가지고 다니면서 지불할 것이라고 생각하기 쉽지만, 실제로는 그 반대다. 지갑 안에는 언제나 10만 엔에서 25만 엔 가량이 들어있고, 현금을 쓰는 사람이 많다.

돈과의 관계에서도 결코 애매하게 행동하지 않는다.

카드로 결제하는 행위에는 돈을 쓴다는 실감이 뒤따르지 않는다. 실제로 돈을 주고받는 것도 아니고 통장에서 돈이 빠져나갈 때까지는 꽤 많은 시간이 걸린다. 카드는 지출한다는 실감을 멀찌감치 이후로 미뤄버리는 것이다.

반면 현금을 주고받는 행위에는 지출하고 있다는 확실한 실감이 따라온다. 지갑에서 지폐를 꺼내 지불하면 당연히 지갑 안에 있는 지폐는 줄어든다. 5만 엔을 쓰면 지출한 금액만큼이 눈으로 보이고 피부로 느껴진다. 현금 지불이 돈과의 관계를 명확하게 만든다는 것이다.

돈과의 관계가 흐지부지하면 쓸데없는 지출을 해도 알아차리지 못한다. 자기 투자 같은 정말로 써야 할 데 돈이 모자라기도 하고 금전감각도 둔해진다. 그렇게 되면 풍요로운 생활에서 점차 멀어진다. 돈과 오래도록 좋은 관계를 형성하기 위해서는 돈과의 관계가 애매하지 않도록 신경 쓴다.

 끝까지 좋은 관계를 유지하기 위해 돈과 정면으로 맞선다.
다음번 쇼핑갈 때는 지갑에서 카드를 빼놓고 간다.〈5초〉

## 저축과 증식보다 소비를 생각한다

돈에 관한 이야기라면 어떻게 절약하는가, 어떻게 증식시킬 것인가에 대한 내용이 유독 많다. 물론 중요한 부분이다. 하지만 그 전에 '돈이란 본래 무엇인가' 곰곰이 생각해 볼 필요가 있다.

돈이란 행복을 만드는 도구요, 행복하게 살아가기 위해 필요한 수단이다. 돈은 행복 만들기에 쓰일 때 비로소 가치가 있다. 아무리 많은 돈을 가지고 있어도 그것만으로 사람은 행복할 수 없다.

결국 무엇보다 중요한 것은 어떤 상태가 자신에게 최고의 행복인지를 생각하는 것이다. 그리고 그 행복을 목적으로 해야 한다.

돈은 행복을 얻기 위한 수단에 지나지 않다는 것을 염두에 두어야 한다. 그것을 잊으면 무턱대고 저축하려 들거나 증식시키려 한다. 그 결과, 절약이나 저축, 투자 그 자체가 목적이 되어버린다.

특히 불경기가 지속되면 절약의 기술이나 저축의 기술이 화젯거리가 된다. 절약의 기술 중에는 놀랍게도 '화장실은 가급적 외출한 곳에서 마친다'는 항목도 있다.

외출한 곳에서 볼일을 보면 분명 집의 수도요금을 약간 절약할 수 있다. 그만큼 저축할 수 있을지도 모른다. 하지만 이 생각은 지나치게 이기적이다. 자신간 좋으면 그만이라는 생각이다. 그런 삶이 정말 행복이라 할 수 있을까?

혹은 종일 주가 변동에 마음이 빼앗겨 아침부터 밤까지 모니터 앞에서 꼼짝도 않는다. 식사나 책을 읽는 동안에도 주가변등이 신경 쓰여 좀처럼 집중할 수 없다. 그런 삶이 정말 자신이 살고자 했던 삶인가?

돈은 모으기보다는 쓰는 것이 먼저다.

어떻게 모을 것인가 보다는 행복하기 위해 어떻게 돈을 쓸 것인지를 생각한다. 그리고 자기 자신만을 위한 행복이 아닌 다른 사람의 행복도 생각한다. 자신도 행복하고 다른 사람도 행복할 수 있도록 돈을 어떻게 쓸 것인지에 대해 생각한다. 그러면 저절로 돈은 모이게 된다.

 돈은 목적이 아니라 수단으로 사용한다.
지금 지갑에 있는 돈으로 자신과 타인이 동시에 행복해지는 방법을 생각한다. 〈5분〉

## 부자들의 풍요로움을 낳는 씨앗 뿌리기 습관

**지갑 속 지폐는 거꾸로**

지폐를 지갑에 넣을 때는 지폐에 인쇄된 인물의 머리가 아래로 향하도록 한다. 머리를 위로 해서 넣으면 지갑에서 돈이 쉽게 나가기 때문이다. 쓸데없는 지출을 막기 위해서라도 지폐는 거꾸로 넣는다.

물론 거꾸로 넣어도 지출할 때는 꺼내 쓸 수밖에 없다. 그때는 기분 좋게 보내주자.

지금 당장 지갑 속 지폐 방향을 바꾼다. 〈15초〉

## 큰 액수 지폐를 맨 앞쪽에

지폐를 지갑에 넣을 때는 앞쪽에 큰 액수가 오도록 한다. 가장 앞쪽에 5만 원짜리, 다음 1만 원, 5천 원, 1천 원짜리 순으로 넣는다. 그러면 큰 액수의 지폐가 힘을 발휘하기 쉽다.

지금 당장 지폐의 순서를 바꾼다. 〈10초〉

## 신권을 가지고 다닌다

나는 항상 신권으로 가지고 다닌다. 신권에는 좋은 기운이 담겨있기 때문이다. 또한 웃어른에게 돈을 건넬 때, 축하할 때는 신권을 사용하는 것이 예의다.

이런 때를 대비해 늘 신권을 지갑에 넣어둔다.

은행에 가서 신권으로 바꾼다. 〈10분〉

## 영수증은 차곡차곡 깔끔하게

지갑에 수많은 영수증이 아무렇게나 들어있지 않은지. 하물며 지폐와 마구 뒤엉켜있지는 않은지. 문득 정신을 차려보면 영수증으로 지갑이 두툼하게 부풀어 있지 않은지.

이것은 지갑에게도, 지갑 속 돈에게도 예의가 아니다. 지갑에 넣은 영수증은 서둘러 정리한다. 또한 지갑에 넣을 때에는 삐져나오지 않도록 깔끔하게 넣는다.

지갑에서 비쭉 나온 영수증이 있다면 잘 접어 넣는다. 〈30초〉

# 03 | 하루 한 번
진정한 부자가 되어라

## 장지갑을 사용한다

부자들이 돈을 어떻게 대하는지 알아보는 동안 깨달은 것이 있다. 그들이 돈을 소중히 여기는 밑바탕에는 돈에 대한 존경심이 또렷이 자리하고 있다는 점이다. 바꿔 말하면 지금 자신이 갖고 있는 지폐나 동전 자체에 경외심을 가지고 성심을 다해 다룬다.

손때 묻지 않은 깨끗한 지갑에 돈을 넣는다.
지폐는 항상 똑같은 방향으로 가지런히 챙겨 넣는다.
지폐를 영수증과 아무렇게나 뒤섞어 넣지 않는다.

지폐나 동전이 기분 좋게 담겨있도록 내용물을 정리정돈하고 지갑을 항상 깨끗하게 관리한다.

이런 세심한 마음가짐이 얼핏 간단해 보이지만 의외로 많은 사람들이 소홀히 한다.

내가 취재한 부자들은 모두 지갑이 깨끗하고, 남녀불문 장지갑을 사용하는 사람이 많았다.

그 사실을 발견한 나는 지금까지 사용해온 반지갑을 포기하고 장지갑을 새로 장만했다. 잘 아는 풍수가가 지갑은 검정, 갈색, 흰색, 황색이 좋은데, 그 중에서도 검정은 태양에너지를 흡수하기 때문에 특히 좋다고 해서 검정색을 구입했다.

실제로 사용해보니 장지갑은 돈을 깨끗이 보관하기 좋았다. 지폐가 쉽게 접히거나 더렵혀지지 않고, 신권을 넣으면 늘 빳빳한 상태로 보관할 수 있다. 구조적으로도 지폐나 동전, 카드를 깔끔하게 수납하도록 만들어져있다.

기회가 되면 주변에 있는 부자들의 지갑을 살펴보자. 그가 돈을 지불할 때 슬쩍 보는 정도라도 좋다. 틀림없이 그 사람은 깨끗하게 지갑을 사용하고 있을 것이다. 왜냐하면 그들에게는 돈에 대한 존경심이 있기 때문이다.

'돈'하면 우리는 앝마를 어떻게 쓸까, 액수의 크고 작음에 의식이 향한다. 낭비를 그만두자, 돈을 좀 더 모으자 등등에 대한 관심뿐 정작 돈 자체에 대한 존경심을 가지려고 하지는 않는다. 돈을 소중히 하는 출발점은 역시 돈 자체를 존중하는 데 있지 않을까.

돈은 자신을 소중히 생각하는 사람에게 모여든다.

우선 지금 갖고 있는 돈을 소중히 다루는 것부터 시작하자.

 돈은 자신을 소중히 대하는 사람 곁으로 모여든다.
백화점에 갔을 때 장지갑 코너에 들러본다. 〈15분〉


## 자신감을 주는 나만의 명품을 정한다

부자가 되기 위해서는 일종의 착각이 필요하다. '나는 이미 부자다, 나는 지금도 풍요롭다.' 이런 믿음이 잠재의식에 각인되면 현실이 되는 경우도 적지 않기 때문이다.

'나는 부자'라는 기분에 젖어 들게 하는 상징적인 물건이 바로 구두와 시계다. 고급 호텔의 호텔리어나 레스토랑 지배인, 고급 브랜드 숍 점원은 구두와 시계로 고객의 재력을 가늠한다. 고급 구두나 시계는 부자의 대명사라 해도 과언이 아니다.

내가 만난 대부분의 부자들도 구두와 시계는 명품을 고집했다. 그 중에서도 가장 흥미로웠던 사람은 라디오 사회자였던 T 씨다. 그는 재킷과 바지 등 옷은 중저가 브랜드를 입고 있었다. 그러나 시계만큼은 명품 브랜드였다. '시계만큼은 명품'이라는 자기 나름의 고집이 있기에 중저가 브랜드의 정장과 바지도 그 사람의 스타일이 될 수 있다는 사실을 깨달았다. 손목에서 빛나는 명품의 존재감은 묘하게 그 사람을 돋보이게 했다.

예전에 어느 패션코디네이터가 이런 말을 했다. "구두만 멋진 고급으로 신으면 천 엔짜리 옷이라도 상관없다." 아무리 고급스러운 드레스나 정장을 차려입어도 구두가 낡고 허름하면 전체적으로 애매한 느낌을 준다.

반대로 자신감을 주는 구두나 시계를 하고 있으면 그만큼 행동거지도 달라진다. 그렇다고 반드시 명품 구두나 시계를 고집할 필요는 없다. 자산이 수억 엔에 이르는 부자 중 의외로 검소한 생활을 하는 사람이 많다.

굳이 명품이 아니라도 자신에게는 고급인 구두나 시계로 충분하다. 구두와 시계 자체가 고급인가 보다는 그것을 몸에 두른 자신이 어떤 감정이 되는지가 더 중요하기 때문이다. 아무리 고급 시계를 손목에 차고 있어도 빚을 내어 산 것이라 뒷맛이 개운하지 않다면 의미가 없다. 명품 구두도 아무리 디자인이 좋아도 자신의 발에 맞지 않아 걷기 힘들다면 구입한 의미가 없다.

또한 구두와 시계는 항상 깨끗하게 닦여있어야 한다.

결국 구두와 시계의 가격이 아니라 가격과 감동의 균형을 생각한 연후에 선택하는 것이 중요하다. 얼마나 기분 좋게 자신감을 갖고 착용하는가를 생각해야 한다.


풍요로움의 기준은 사람에 따라 각기 다르다. 당연히 구두나 시계도 어느 정도의 것이 고급인지는 사람마다 제각각이다. 따라서 세상의 일반적인 기준에 지나치게 마음 쓸 필요는 없다. 자신에게 고급으로 이것을 몸에 두르면 자신감이 생기는 것, 마음도 부자가 된 듯이 느껴지는 것을 선택하면 된다. 그러다가 고급에 대한 기준이 높아지면 그때 자신에게 맞는 고급으로 다시 장만하면 된다.

어떤 것을 몸에 두르는가 보다는 몸에 두르고 어떤 느낌을 갖는가가 더 중요하다.
다음 주말은 평소보다 시간을 들여 구두를 닦자. 〈10분〉

## '나는 부자다' 먼저 행동한다

양말만큼은 명품 브랜드를 선택하는 경영자도 있었다. 몇십만 엔이나 하는 명품 양복이나 시계, 지갑은 선뜻 못 사지만, 양말이라면 비싸도 5천 엔 정도라 일부러 명품 매장에서 산다고 한다.

그는 내면도 외면도 훌륭한 경영자인데, 당시 회사를 설립한 직후라 가능한 쓸데없는 지출은 삼가고 있었다. 그러나 그는 가까운 미래에 사업을 궤도에 올리고 남들이 말하는 명실상부한 부자가 될 사람이다. 언젠가 올 그날을 위해서 행동만큼은 이미 부자인 양 행동하고 싶다는 것이 그의 생각이다.

언젠가 부자가 되려는 사람에게 양말만큼은 명품으로 사는 습관은 참신하고 매우 효과적인 방법이다.


부자가 모이는 공간에 가서 부자처럼 대우 받아보자. 부자들의 행동거지나 분위기를 익힐 수 있다. 앞에서도 말했지만 뇌와 몸이 '자신은 이미 부자'라고 믿고 부자의 이미지를 사실적으로 획득하면 누구나 부자가 될 수 있다.

사실적인 부자 이미지를 획득하기 위해서는 실제 그들이 있는 공간으로 뛰어드는 것이 가장 빠른 방법이다.

그런데 브랜드숍이 익숙하지 않다면 처음에는 어색하게 느껴질지도 모른다. 양말만 사면 점원이 수상하게 생각하지 않을까, 나를 얕잡아보지 아닐까. 이런 생각을 할지도 모른다. 그래도 상관없다. 어색함은 다음 단계로 나아가는 원동력이 되기도 한다. 언젠가 이곳을 기분 좋게 찾을 자신이 되어보고, 이곳에 어울리는 사람이 되어보며 자신에게 가능성과 동기를 부여하는 것이다.

중요한 것은 어색한 기분이 들어도 포기하지 않는다는 것. 처음에는 어색하고 불편했어도 용기 내 두 번째 도전한다. 여우로운 태도로 행동하는 연습을 한다. 브랜드숍에 있는 자신을 평소의 자신이라 느낄 때까지, 그곳에 기분 좋게 있을 수 있을 때까지 힘내 다녀본다. 그럼 노력한 만큼 행운이 뒤따라 자기 주변으로 모여든다.

그런데 어색하고 불편한 차로 그만두게 되면 부자에 대한 부정적인 이미지를 갖게 된다. 마음 어딘가에서 부자를 부정하게 된다. 부자를 마음속 깊이 좋아하지 않으면 부자가 될 수 없다. 따라서 어중간한 기분인 채로 그만두지 않는 것이 핵심이다.

내 친구는 '양말 정도면' 명품을 살 수 있는 사람이 아니라 '양말만큼은' 명품을 사는 사람으로 명품관에 간다.

돈이 생기면, 시간이 나면 해보자고 생각하지만 현실적으로 좀처럼 돈도 시간도 생기지 않아 결국 아무것도 하지 못한다. 필요한 돈이나 시간이 없어도 일단 시작해보자. 의외로 돈과 시간은 행동 뒤를 따라온다.

부자가 되는 것도 마찬가지다. 실제는 어찌되었든 일단 '부자'인 내가 되어 행동을 시작해보는 것이다. 그러면 뜻밖에도 현실이 그를 뒷받침해준다.

진정 멋을 아는 사람일수록 작은 부분에 집착한다.
브랜드숍에 들러 명품 양말을 골라본다. 〈3분〉


## 오래 쓰는 물건은 비싸도 비싼 게 아니다

고만고만한 가격의 옷들로 꽉 들어찬 옷장보다 잘 고른 몇 장의 옷이 당당히 걸려 있는 옷장을 나는 선호한다.

옷이나 구두처럼 평소 사용하는 물건에는 비교적 돈을 들인다. 비싼 것은 싼 것보다 오래 사용할 수 있고 쉽게 질리지도 않아서 장기간 애용하는 경우가 많기 때문이다. 단, 비싼 물건을 구입할 때는 가격에 맞는 품질인지를 확인한다.

예를 들어 지금 사용하는 벨트는 이탈리아의 명품으로 상당히 고가다. 하지만 이 벨트는 가죽 부분을 교환할 수 있다. 버클 디자인은 50대가 해도 전혀 손색이 없다. 녹슬지도 않아 잘 쓰면 평생 사용할 수 있다.

옷을 선택할 때 나의 기준은 호텔 클로크 룸에 맡길 때 부끄럽지 않은 정도여야 한다는 것이다. 그것은 가격만이 아니다. 소맷부리가 더럽지 않은지, 다림질은 잘되어 있는지, 단추가 떨어지지는 않았는지, 후줄근하지는 않은지, 이런 것들도 중요하다. 요컨대 애정을 가지고 잘 관리한 옷을 입는다.

옷은 나름 비싼 것을 사지만, 그리 많지는 않다. 옷 하나를 사면 낡은 옷 하나를 고마운 마음으로 처분한다. 버리는 것이 아깝다고 생각하는 사람도 있을지 모른다. 그러나 그저 보관만 해두는 것이라면 버리는 것과 다르지 않다. 따라서 손에 꼽을 정도인 몇 장만 가지고 애지중지 입고 있다.

옷장을 어느 정도의 옷으로 채우는가에 매달리기보다는 양질의 옷을 정성껏 오래 입으려 노력하는 생활이 훨씬 풍요롭다.

 오래 사용할 수 있는 '비싼 물건'은 결코 비싸지 않다.
최근 1년 이상 입지 않은 옷 한 벌을 처분한다. 〈5분〉

# 개점 직후 백화점을 방문한다

얼마 전 '행운을 부르는 법칙'이란 책들이 주목을 받으면서 베스트셀러가 되었다. 지금도 서점에는 관련 도서가 다수 진열되어 있다. 행운을 부르는 법칙을 간단히 설명하면, 자신의 머리와 몸이 진심으로 믿는 것은 모두 실현된다는 것이다. 결국 뇌와 몸이 '나는 부자'라 믿고 실제 부자의 이미지를 가지면 사람은 누구나 부자가 될 수 있다는 말이다.

부자라는 기분을 사실적으로 느껴보는 방법 중 하나는 개점 직후의 백화점을 거닐어보는 것이다. 백화점이 문을 여는 동시에 들어간다. 가능하면 한가운데 주얼리나 화장품 코너를 걸어본다. 개점 직후의 백화점은 직원들이 한가운데 줄지어 서서 '어서 오세요' 하고 고개 숙여 인사한다. 명품 매장의 직원들도 허리 숙여 마음을 담아 '어서 오세요'라고 말한다.

나는 때때로 신주쿠의 이세탄에서 이 경험을 하는데, 기분은 그야말로 VVIP다. 내 앞쪽으로 검은 옷차림의 점원들이 줄지어 서서 깍듯이 인사한다. 조금 과장되게 말하면 유명인사 행렬의 선두를 걷는 기분이다.

부자는 이런 느낌을 일상적으로 만끽하고 있다. 일류 호텔이나 레스토랑, 은행의 은행장실, 공항의 특별실을 이용한다. 개점 직후 백화점에서 맛볼 수 있는 VIP가 된 듯한 느낌은 부자들의 그것과 어딘가 통해있다.

부자라는 마음을 갖기 위해 개점 직후의 백화점 안을 거닐어보자. 아무것도 살 예정도 없이 인사를 받으며 걷는다면 마음이 무거울 테니 '오늘은 명품을 사러 나왔다'는 기분으로 지갑에 두둑이 돈이 들어있는 양 걸어본다. 기분 좋게 점원의 인사를 받으며 얼굴에 미소를 지어 보이는 것도 잊지 말자.

 부자라는 마음이 돈을 불러들이는 첫걸음이다.
개점 직전 백화점 입구에 줄을 선다. 〈5분〉

## 부자들의 풍요로움을 낳는 씨앗 뿌리기 습관

**지갑을 새로 사면 지폐 1백 장을 넣는다**
지갑을 새로 사면 먼저 두둑하게 지폐를 넣고 그 두께를 느

껴본다. 돈이 술술 들어오는 두툼한 지갑으로 만드는 것이
다. 나는 장지갑을 새로 장만했을 때에 10만 엔을 모두 천
엔짜리 지폐 천 장으로 바꿔서 종일 넣어두었다. 금액보다
두께감이 중요하다. 일단 한 번 지폐를 두둑이 넣고 지갑의
두께를 느꼈다면 그것으로 충분하다.

은행에서 10만 원을 1천 원짜리로 바꾼다. 〈10분〉


## 호텔 라운지에서 일정을 정리한다

개점 직후의 백화점 안을 거니는 것과 마찬가지로 호텔 라
운지에서 한때를 지내는 것도 부자의 이미지를 몸으로 익
히는 방법 중 하나다. 커피 값은 일반 커피숍보다 비싸지만
그만큼 우아한 접대를 받을 수 있다.

라운지의 차분한 분위기는 생각하기에 안성맞춤이다. 때로
는 여유롭고 고요한 공간에서 여유롭게 차를 마시는 시간
을 가져보는 것도 좋겠다. 편안하고 짙게 부자의 이미지를
몸에 사무치도록 느껴보자.

호텔 라운지에서 홀로 작전회의를 가져본다. 〈30분〉

78

# 도박으로 돈 벌 생각은 마라

나는 기본적으로 도박을 하지 않는다. 때때로 누군가를 위해 복권을 사기는 하지만, 빠칭코나 경마 따위 안 한다. 그것이 얼마나 허무한 것인지 뼈저리게 경험했기 때문이다.

학생 시절 한때 나는 빠칭코에 빠져 지냈다. 시간만 있으면 빠칭코 가게로 달려갔다. 진지하게 일단 파고들면 기필코 이길 수 있다고 믿었다. 책까지 사보면서 이기기 위한 방법을 연구했다. 그리고 실제로 이겨 돈을 땄다.

어느 날, 빠칭코 기계 앞에 5시간 내내 앉아 5천 엔을 땄다. 연구 성과라면 성과였다. 그때 무심코 옆에 앉는 중년 여성을 보았다. 그녀는 패기라고는 전혀 찾아볼 수 없는 표정으로 빠칭코를 하고 있었다. 허무함이 강하게 밀려왔다.

나도 지금과 같은 생활을 지속하다가는 언젠가 저런 표정이 되겠구나!

돈을 잃고 허무했다면 어쩔 수 없다. 그러나 돈을 따고도 이렇게 허무하다면 이쯤에서 그만두는 게 낫지 않을까. 이후 나는 단 한 번도 빠칭코를 하지 않았다. 내게 아무런 행복감도 가져다주지 않는다는 것을 깨달았기 때문이다.

나처럼 다른 사람도 도박 따윈 절대 해서는 안 된다고 말하는 것은 아니다.

퇴근한 뒤 빠칭코를 즐기면서 그 어떤 때보다 편안한 시간을 보내는 사람도 있을 것이다. 질주하는 말에 흠뻑 빠져 있는 사람도 있을 것이다. 무조건 한데 뭉뚱그려 도박이 나쁘다고 말할 생각은 없다. 돈을 잃든 따든 생각하지 않고 그저 놀이로 즐길 수 있다면 상관없다.

그러나 만약 당신이 도박에 빠져 있다면 이번 기회에 그것이 과연 당신에게 어떤 행복을 안겨주는지 진지하게 생각해보자.

 금전적 가치를 제외하면 그 행동은 어떤 가치를 낳는가?
다음에 돈을 걸고 게임할 때는 돈을 '따는' 것은 생각하지
않는다. 〈5분~〉

## 동전은 모금함에 넣는다

편의점 계산대 옆에는 대개 모금함이 놓여있다. 편의점에서 100엔 미만의 잔돈을 받으면 나는 몽땅 모금함에 넣는다.

기부는 수입의 10퍼센트를 하는 것이 좋다고 한다. 또한 모든 수입을 자신만을 위해 쓰는 것이 아니라 다른 사람을 위해 사용하면 그것은 돌고 돌아 다시 자신의 곁으로 돌아온다고 한다.

실제로 매월 혹은 매년 수입의 10퍼센트를 기부할 수 있다면, 누군가를 위해 자신의 수입을 기분 좋게 기부할 수 있다면 더할 나위 없이 행복한 일일 것이다.

그러나 현실적으로 수입의 10퍼센트를 뚝 잘라 기부하기 위해서는 용기가 필요하다. 앞으로 있을 일, 회사의 경영상황, 가족의 생활과 같은 현실적인 문제를 생각하면 주저하게 된다.

좀 더 간단한 방법으로 기부를 실천해보자.

그런 생각에서 시작한 것이 편의점 모금이다. 편의점에 가면 100엔 미만의 동전을 몽땅 모금함에 넣는다는 규칙을 세운 것이다.

편의점에 매일 두 번 간다고 해도 기부액은 최대 200엔도 되지 않는다. 한 달이면 6천 엔, 1년이면 7만 2천 엔. 수입의 10퍼센트에는 도저히 미치지 않는 금액이지만, 아무것도 안 하는 것보다는 훨씬 큰 가치를 낳는다.

편의점 모금함에 넣는 기부액은 비록 적지만 분명 세상에 행복을 전한다.

세상에 좋은 순환을 일으키기 위한 지출법에 고심하는 내게 모금
함 기부는 가장 이상적인 방법 중 하나다.

 적은 액수의 돈이 큰 행복을 낳는다.

다음에 편의점에 가면 10원짜리 동전이라도 좋으니 모금

함에 넣는다. 〈5초〉

# 04 | 주변의 물건을 좀 더 소중히 여겨라

## 시계는 4분 빨리 맞춘다

나는 자주 보는 시계를 4분 빨리 설정해둔다. 손목시계, 휴대전화의 시계, 집에 있는 시계 중 하나는 정확한 시각보다 4분 빠르다.

이 습관은 내가 교육 관련 출판사에서 일하던 시절에 만난 친구가 가르쳐준 것이다. 그는 매우 유능한 사람이라 무턱대고 그 방법을 내 습관으로 만들었다. 시계를 4분 빨리 설정하면 누군가와 만날 약속을 했을 때 4분 빨리 약속 장소에 도착할 수 있다. 약속 시간에 늦는 일은 절대 없다.

일찍 도착하면 심리적으로 여유가 생긴다. 여름이라면 땀을 닦고

옷매무새를 정돈하고 상대를 맞을 수 있다. 그밖에도 사소하지만 여러 가지 일들을 할 수 있다.

책을 읽는다, 메일을 보낸다, 전화를 한다, 일정을 확인한다, 노트를 꺼내어 생각한다, 등등.

시계를 4분 빨리 맞춰놓기만 해도 지각하지 않고, 심적으로 여유가 생기고, 게다가 사소한 여러 가지 일들을 할 수 있다.

5분도 아닌, 3분도 아닌, 4분이 딱 적당하다. 5분은 조금 길게 느껴지고, 3분은 무엇을 하기에는 좀 짧다. 게다가 5분 넘게 시계를 빨리 설정해두면 그 시간에 익숙해져 역산해 시계를 보게 될 확률이 높다. 그런데 의외로 4분은 그렇지 않다.

누군가를 기다릴 때, 정해진 시간에 누군가를 방문할 때, 미팅이 시작될 때, 그때마다 '아직 4분이 있다'고 생각한다.

4분은 마치 신이 내려준 선물처럼 느껴져 마음의 여유와 약간의 기쁨을 선사해준다.

 자투리 시간으로 인생은 한층 풍요로워진다.
지금 차고 있는 손목시계를 4분 빨리 돌려놓는다. 〈15초〉

# 옷을 살 때는 이성과 함께 간다

패션 감각이 있는 사람은 멋있다. 그 사람의 분위기에 맞게, 그가 추구하는 분위기가 느껴지는 옷을 입은 사람을 보면 매력적이라는 생각이 들면서 더불어 그 사람의 여유로운 마음이 느껴진다.

내가 취재한 진정한 부자들은 모두 멋을 알았다.

그들의 이야기를 들으며 왜 그들이 멋쟁이인지 이유를 알 수 있었다. 패션에 충분히 투자하기 때문은 아니다. 한마디로 멋 내기 위한 노력을 게을리하지 않는다는 것이다.

노력 중 하나가 패션코디네이터와 함께 옷을 사러 가는 것. 프로 패션코디네이터에게 의뢰하면 쇼핑에 동행해 사야 할 옷을 코디해 준다고 한다.

나도 컬러코디네이터에게 부탁해 함께 옷을 사러 간 적이 있었다. 나의 체형과 얼굴에 가장 잘 어울리는 색은 겨울색으로 검정, 흰색, 원색이라 한다. 칼라는 라운드보다 브이넥. 셔츠는 가로 줄무늬보다 세로 줄무늬가 어울린다고 조언했다.

타인의 의견을 들으면 패션의 폭이 한층 넓어진다.

지금까지 전혀 주목하지 않던 종류의 옷이 눈에 들어오고, 예전 같으면 절대 사지 않았을 옷도 입게 된다. 옷에 대한 주위의 평판이 좋으면 또 다른 '새로운 나'를 얻을 수 있다.

새롭게 도전한 옷 중에는 '그 옷을 입으면 절대 함께 외출하지 않겠다'고 아내가 말한 것도 있는데, 그것도 나름대로 좋다. 그런 경우는 어울리지 않는 옷을 알게 되는 기회로 삼는다.

나는 컬러코디네이터와 함께 옷을 사면서 멋을 아는 사람은 타인의 의견을 스스럼없이 받아들이고 도전과 실패를 반복하면서 자신의 멋을 모색하기 위해 노력한다는 것을 알게 되었다. 항상 자신의 틀을 넓히려는 향상심을 가지지 않으면 안 된다.

코디네이터에게 의뢰하는 것이 아직 내키지 않으면 점원에게 상담하는 것부터 시작해도 좋다. 점원 중에는 고객의 입장에서 조언을 아끼지 않는 사람도 많다. 그런 점원을 찾아 객관적인 의견과 조언을 구해본다.

또 중요한 것은 이성의 의견을 듣는 것이다. 남성이라면 여성의, 여성이라면 남성의 의견을 듣는다. 이성의 의견에는 미처 자신이 깨닫지 못한 다른 시점에서 나온 의견이라 많은 참고가 된다.

나는 멋을 위해 코트나 재킷 외에는 검정색 옷을 절대 입지 않는다. 검은색 옷은 누구에게나 어울리고 장소에 구애받지 않아 편하게 입을 수 있지만, 지나치게 편안함에 의존하면 지금의 모습에서 더 이상 변화를 기대할 수 없기 때문이다.

 타인의 의견은 패션의 폭을 넓혀준다.
다음에 옷 사러 갈 때는 이성 친구나 파트너와 동행한다.
〈1시간~〉

## 스케줄은 만년필로 적는다

사용할 때마다 서서히 나의 것이 되어가는 것이 있다. 매일 사용하는 도구는 가능한 그런 것이 좋다.

대표적인 것이 만년필이다. 만년필은 사용하면서 펜 끝이 점차 매끈해진다. 잉크가 나오는 정도도 쓸수록 미묘하게 변해 시간이 흐를수록 필기감이 손끝을 통해 기분 좋게 전해져온다. 손에도 익숙해지면서 점차 나만의 최고의 필기도구가 된다.

나는 편지나 엽서를 비롯해 매일 일정을 기록하는 스케줄러나 일기를 만년필로 쓰고 있다. 직접 써보고 느낀 것은 만년필을 사용하면 한 자 한 자 정성껏 쓰게 된다는 점이다. 필기에 정성이 들어가면 하는 일에도 성심을 다하게 된다.

매일 아침 스케줄러에 오늘 해야 할 일을 만년필로 정성껏 쓰면서 할 일에 대한 의욕도 높아졌다. '좋아, 해보자!' 의욕이 샘솟는다. 100엔짜리 볼펜으로 쓸 때와 기분이 확실히 다르다.


물건에 집착하고 물건 때문에 행동이 변하고 기분도 달라졌다. 매일 사용하는 밥그릇도 마찬가지다.

내가 매일 사용하는 밥그릇은 점토반죽부터 그릇을 구을 때까지의 모든 과정을 장인이 직접 만든 작품이다. 나와 이야기를 나눈 뒤 '당신에게는 이것이 좋겠군요'라며 직접 골라주었다. 그 밥그릇으로 식사하면서부터 나의 식사 태도는 단정해졌다.

급식세대인 나는 알루미늄 밥그릇에 밥을 먹었고 그 때문인지 무심코 밥그릇의 끝을 들고 먹었다. 왜냐하면 알루미늄 밥그릇은 뜨거운 것을 담으면 바닥이 뜨거워 손을 댈 수 없기 때문이다. 그런데 지금은 네 손가락으로 밥그릇을 정성껏 받쳐 들고 먹는다.

장인이 혼신의 힘을 다해 만든 그릇에 담긴 현미밥은 예전보다 훨씬 맛이 좋다. 게다가 밥에 대한 고마움도 더욱 깊어졌다.

요즘은 일상용품의 대부분은 싼 값에 얼마든지 구입이 가능하다. 값싸면서도 질 좋은 것들도 많아서 값싼 물건을 무조건 깎아내릴 생각은 없다. 그래도 매일 사용하는 물품을 죄다 값싼 것들로 채우기보다는 한두 가지는 까다롭게 선택해보자. 곁에 두고 사용할 때마다 기분이 북돋아져 행동에도 변화를 주는, 그리고 언제인가 '나만의 보물'이 될 것 같은 일상의 도구로 선택하는 것이다. 나는 일상생활에서 그런 풍요로움을 바란다.

 까다롭게 고른 물건을 사용하면 행동과 의식도 달라진다.
문구점에 들러 만년필 코너를 둘러본다. 〈10분~〉

## 부자들의 풍요로움을 낳는 씨앗 뿌리기 습관

### 명함집을 소금으로 깨끗이

늘 도움을 받는 사람 중에 외국계 보험회사에서 10년 연속 최고였던 영업자가 있다. 그는 명함집에 소금을 담은 작은 주머니를 넣고 다녔다. 업무상 많은 사람과 명함을 교환하기 때문에 그의 명함집에는 각양각색의 기가 들어온다. 좋은 기만 있는 것이 아니기에 소금으로 정화시킨다는 것이다. 그 이야기를 듣고 나도 때때로 명함집에 툭툭 소금을 뿌리고 있다.

명함집에 소금을 뿌려본다. 〈1분〉

## 한지를 접어 가지고 다닌다

한지를 두 번 접어서 가지고 다닌다. 주로 다도에서 과자를 얹는 데 쓰이는 한지는 다양한 용도로 쓰이는 아이템이다. 지폐를 싸는 포장지로도 쓰이고, 메모를 하거나, 티슈 대신으로 사용할 수도 있다. 기품있는 한지 소품을 가지고 있는 것만으로 왠지 마음이 풍요로워지는 것 같다.

문방구에 들러 한지를 구입한다. 〈1분〉

# 돈이 없을수록 자신에게 투자한다

원금을 보장하고 절대 손실이 발생하지 않는 100퍼센트 안전한 투자처. 만일 정말 그런 것이 있다면 누구나 투자하지 않을까.

그런데 실제로 그런 것이 존재한다.

그것은 다름 아닌 '자신'이다.

예컨대 책을 사고 학원에 다니고 교재를 사고 학교에 다니고 통신교육을 받고 세미나에 참가하고 유학한다. 이처럼 자신에게 투자한 돈은 자기 안에 풍요로운 토지를 만든다. 지금 바로 싹이 트지 않아도 언젠가 반드시 탐스러운 열매를 맺는다.

연 수입의 10퍼센트는 자신에게 투자해야 하는 비용이라지만, 나는 3년 뒤에 원하는 연 수입의 최소 10퍼센트는 투자해야 한다고 생각한다. 가령 3년 뒤에 연 수입 1500만 엔을 원한다면 올해 최소한 150만 엔을 자기 투자 금액으로 책정한다.

나도 지금까지 상당한 금액을 자기 투자에 쏟아부었다.

특히 많은 돈을 투자한 분야는 영어다. 사회에 나온 뒤에 미국 대학원으로 유학을 갔기 때문에 그 돈까지 포함하면 지금까지 어림잡아 2천만 엔을 영어공부에 썼다. 게다가 회사를 약 3개월간 쉬고 아내와 함께 마크로비오틱을 배우러 미국으로 건너간 적도 있었다. 그 비용은 둘이서 약 300만 엔 정도가 들었다.

책은 흥미가 있으면 주저하지 않고 샀다. 호흡법, 살사, 어학공부를 하는 것도 나의 즐거움 중 하나다. 1년에 한 번 반드시 떠나는 장기 외국여행도 넓은 의미에서는 자기 투자다.

어느 해에는 연 수입 이상의 금액을 자기 투자에 쏟았다. 이렇듯 자기 투자에 힘을 쏟으면서 비로소 깨달은 것은 자기 투자는 역시 할 만한 가치가 있다는 사실이다. 가장 안전하고 확실한 투자다. 주식이나 투자신탁을 훨씬 웃도는 수익을 가져다준다.

예를 들어, 나는 미국 유학 중 대학원 공부와 별개로 북중미 각지에서 NLP 전문가 코스를 밟았다. 그 비용은 차비나 숙박비를 포함해 약 200만 엔. 당시에는 조금 비싸다고 생각했지만 미국 NLP 협회 인정 NLP 트레이너 자격증을 획득했기 때문에 돌아와 NLP 강좌를 개설할 수 있었다. 현재 NLP 세미나는 우리 회사의 주력상품으로 큰 수익을 올리고 있다.

또한 마크로비오틱 공부로 나의 식생활이 완전히 달라졌다. 정상 체중이 되었고, 일반적으로 한 번 오르면 거의 정상치로 떨어지기 어렵다던 요산수치도 평균이 되었다.

영어공부에 투자한 덕분에 영어세미나를 개설하고 영어회화강좌를 열고 영어교재를 출판함으로써 확실한 수익을 올리고 있다. 뿐만 아니라 세계 각국의 사람들과 자유롭게 대화할 수 있는 가능성을 열어주었다. 여행지에서 만난 사람들과 이야기를 나누며 나는 값으로 매길 수 없는 많은 것들을 배웠다. 또 세미나에 참가해 수강생과 인연을 맺고 새르운 사업으로 이어진 적도 있다.


　그렇지만 모든 자기 투자가 예상대로 성과를 올렸던 것은 아니다. 참가한 세미나에 전혀 흥미를 느끼지 못한 적도 있다. 틀림없이 영어 실력을 키워줄 것이라 믿고 유명 영어교재를 구입했지만 그때마다 좌절했던 경험도 있다. 비록 실패한 자기 투자라도 결코 헛수고는 아니었다.

　세미나는 왜 재미없었던 것일까? 그 교재는 무엇이 별로였던 것일까? 좀 더 심사숙고해 세미나를 선택했어야 하지 않을까? 예습이 부족했던 것은 아닐까? 교재 사용법이 잘못된 것은 아닐까?

　그렇듯 나 자신을 되돌아보는 기회로 삼는다.

　거기에는 반드시 어떤 깨우침이 있다. 실패는 반드시 성공을 낳는다. 가령 수익을 올리지 못했다고 해도 손실은 없다.


　먼저 이번 달 수입의 10퍼센트를 자기 투자금으로 뚝 떼어내는 것부터 시작하는 것은 어떨까?

　식비나 광열비처럼 자기 투자금을 반드시 필요한 경비로 생각하는 것이다. 그리고 아낌없이 쓰자. 당신 안에 풍요로운 대지를 키워가기 위하여!

 자기 안에 키운 풍요로운 대지는 언젠가 알찬 열매를 안겨
준다.

이번 달 수입의 10퍼센트를 '자기 투자 비용'이라 적힌
봉투에 넣는다. 〈1분〉

## 부자들의 풍요로움을 낳는 씨앗 뿌리기 습관

**기댈 언덕이 있다면 서슴없이 기대라**

학생 시절이나 사회 초년병 시절에는 돈이 넉넉하지 않다.
대신에 시간은 있다. 만약 부모님이 금전적으로 여유롭다
면 부족한 돈을 빌리자. 그리고 그 돈으로 자기 투자를 해보
자.

학교에 다니고, 단기 유학을 떠나고, 장기 외국여행을 하고,
책을 마구 읽어대고, 영화를 관람한다. 무엇이든 좋다. 시간
은 빌릴 수 없지만 돈은 빌릴 수 있다.

'지금'이라는 시간을 최대한으로 활용하기 위해서 기댈 언
덕이 있다면 거리낌 없이 기대는 편이 좋다. 그것이 나의 생
각이다.

도움을 받았을 때는 서슴없이 '고맙다'고 말한다. 〈10초〉

**항상 배운다**

자기 투자 중 하나로 권하는 것이 무언가를 학원에서 배우는 것이다. 어른이 된 뒤의 배움은 마음이 설레고 매우 즐겁다. 순수하게 배움의 즐거움을 만끽할 수 있다. 그 자리에서 얻은 에너지와 사람들과의 만남에는 책에서 얻을 수 없는 감동이 있다. 대부분 독학으로도 배울 수 있지만 한 주에 한 번은 학원에 가서 배우면 동기를 오래도록 유지할 수 있어 도중에 그만두는 확률이 낮아진다.

흥미가 있는 것을 가르쳐주는 학원을 인터넷으로 검색해본다. 〈5분〉

## 전철에서는 가운데 좌석에 앉는다

"그렇게 많은 습관을 실천하시다니 무척 피곤하시겠어요."

내가 늘 실천하고 있는 습관에 대해 사람들에게 이야기하면 때때로 이렇게 말하는 사람이 있다. 그렇지만 나는 전혀 힘들지 않다. 왜냐하면 내 습관의 대부분은 일상에서 반드시 해야 하는 행동을 조금 변형한 것에 지나지 않기 때문이다. 그래서 쓸데없이 시간이나 체력을 들일 필요가 없다.

전철에서는 끝자리가 아닌 가운데 앉는 습관도 그 중 하나다.

전철에 오르면 자리에 앉는 일상적인 행동을 나 나름대로 변형한 것으로, 사람들이 대개 끝자리에 앉는 것에 반해 나는 가운데에 앉는다.

단, 매번 그렇지는 않다. 긴장을 풀고 편안히 앉고 싶을 때는 끝자리에 앉는다.

이 습관은 내가 존경하는 게이오 대학의 명예교수 무라타 쇼지가 그의 저서 《무라타 쇼지의 마케팅 세미나》에 소개한 내용이다. 나는 그것을 흉내 내어 습관으로 삼았다.

예전에 무라타 교수의 강연을 들은 적이 있어 그의 매력에 빠져 있던 터였다. 전철을 타면 사람들은 심리적으로 자신의 한쪽을 방어하기 위해 끝자리에 앉는다. 그런데 그는 일부러 좌석 한가운데에 앉는단다. 양쪽의 기회를 생각하기 위해서다. 분명 한쪽보다 양쪽에 사람이 있으면 기회는 늘어난다.

그것은 만남의 기회일지도 모르고, 발견의 기회일지도 모른다.

내가 전철 가운데 좌석에 앉아서 특별히 기회를 얻었던 것은 아니다. 그래도 상관없다. 중요한 것은 습관의 성과가 아니기 때문이다. 이 습관은 행동으로 옮길 때 타인과 다른 행동을 하는 자신을 느끼는 데 목적이 있다.

항상 남과 똑같은 행동을 하면 다른 사람과 같은 게 '당연하다'고 느낀다. 가치관이 획일화되고 상식을 의심하지 않게 된다. 그래서 오히려 사람들이 하지 않는 행동을 선택하는 것이다.


일상적인 행동 자체를 나름대로 변형시켜 본다. 그러면 당연하던 것이 결코 그렇지 않다는 것을 알 수 있다. 남과 다른 발상을 하고 자신만의 개성을 키운다. 여기에 이 습관의 중요한 의미가 있다.

가운데 좌석에 앉는 습관을 실천한 이래 아직 한 번도 특별한 기회를 얻지는 못했지만 구석진 자리에 앉을 때보다 분명 시야는 넓어졌다. 가운데 좌석에 앉으면 보다 많은 사람들이 시야에 들어온다. 노인이나 몸이 불편한 사람, 임부도 쉽게 알아차릴 수 있다. 성과가 전혀 없는 것은 아니다.

게다가 남과 다른 습관을 실천하면서 느끼는 단순한 즐거움도 있다. 그것만으로도 나는 적극적으로 살고 있다, 나아지고 좋아지고 있다는 기분에 도취된다. 이런 작은 마음가짐이 의외로 일상에 큰 만족감으로 이어지는 것이다.

 모든 사람이 '당연히' 하는 행동을 나름의 방식으로 변형시키자.

다음에 전철을 타면 좌석 한가운데에 앉는다. 〈0초〉

# 부자들의 풍요로움을 낳는 씨앗 뿌리기 습관

### 공중화장실은 가장 끝 칸을 사용한다

이 습관은 현재 회사를 경영하는 제자가 실천하는 것이다. 그는 자신이 하는 사업에서 넘버원이 되려는 생각에서 공중화장실에서는 가장 오른쪽 혹은 가장 왼쪽의 끄트머리 칸을 사용한다. 일종의 기원행위다. 이 습관 역시 일상의 행동을 나름대로 변형한 것으로 특별히 시간이 들지 않는다. 나도 그를 따라 공중화장실에 갈 때마다 끄트머리 칸을 이용하면서 넘버원이 되겠다고 다시금 마음을 다잡는다.

가장 끝 칸에서 '넘버원'이 된 기분을 맛본다. 〈0초〉

### 자신의 생일을 스스로 축하한다

타인을 배려하기 위해서는 먼저 자신을 위해야 한다. 남의 생일을 축하하는 일도 중요하지만 그 전에 자신의 생일도 축하해야 한다. 자신의 생일에 특별히 누군가의 축하를 받으려고 애쓸 필요는 없다. 다만 평소보다 비싼 점심을 먹고, 좀 이른 시간에 일을 다치고 영화를 보러 가는 등 자신에게 약간의 선물을 해보는 것은 어떨까?

또한 자신의 생일은 아버지가 아버지가 된 날이고, 어머니가 어머니가 된 날이기도 하다. 내 생일뿐 아니라 부모님이 '아버지·어머니로 태어난 날'을 축하하고 감사할 수 있다면 멋지지 않을까.

자신에게 작은 생일선물을 사준다. 〈15분~〉

## 필요없는 물건은 갖지 않는다

자신의 생활에 필요한 최소한의 물건만 소유한다. 쓸데없는 물건까지 쌓아두지 말고 홀가분하고 자유롭게 산다. 나는 그런 부자가 되고 싶다.

물건을 소유하는 삶은 사실 자유롭지 못하다. 이것도 필요하다, 저것도 필요하다. 그렇게 무턱대고 여행 가방을 채워넣은 결과, 결국 여행이 불편해지고 말았던 경험은 없는가. 무거운 짐에 휘둘려 자유롭게 행동하지 못했던 경험이 분명 있었을 것이다.

나의 여행 스타일은 배낭을 짊어지고 훌쩍 떠나는 것이다. 사와 키 코타로의 《심야특급》에 자극받아 학생 시절 배낭여행을 시작한 이래, 지금도 배낭여행을 즐긴다. 신혼여행도 아내와 배낭을 짊어지고 떠났다. 나는 여행을 떠날 때 최소한의 필요한 물건만, 혼자 짊어질 수 있을 정도로 챙겨 떠난다.

배낭의 좋은 점은 양손이 자유롭다는 데 있다. 특히 홀로 떠나는 여행에서 짐 관리에 신경을 쓸 필요가 없다. 어디에 가든 훌쩍 짊어지기만 하면 누가 훔쳐가지 않을까 안절부절 신경 쓰지 않아도 된다. 여행용 캐리어를 끌고 가기 어려운 자갈길이나 잡초가 무성한 길도 배낭이라면 얼마든지 자유롭게 갈 수 있다.

평소 생활도 가능하면 심플하길 바란다. 가능하면 물건에 집착하지 않으려고 한다.

물건을 살 때는 정말 필요한지 생각한다. 일시적으로 필요한 것이면 빌리면 된다. 비록 그게 집일지라도.

나는 지금 도쿄에 살고 있지만 평생토록 도쿄에 살지는 장담 못한다. 지방으로 이사 가게 될지도 모르고, 외국에서 지내는 시기가 있을지도 모른다. 그런 생각을 하니 집을 사는 것이 괜한 짐을 하나 더 늘리는 것 같았다. 그래서 임대했다.

또 필요해서 샀지만 필요 없어지면 고마운 마음으로 가차 없이 처분한다.

책이 그렇다. 책만큼은 일시적으로 필요한 것이라도 빌리지 않고 사는데, 다 읽은 뒤에는 다른 사람에게 주거나 헌책방에 파는 등 처분해버린다.

며칠 전에는 오랜 세월 애용하던 테니스라켓을 버렸다. 언젠가는 다시 쓰게 될지도 모르지만, 지금은 소용없어 버렸다. 필요하면 그 때 다시 장만하면 될 일이다.

나는 만약을 위해 무언가를 쌓아두지 않는다. 언젠가 필요할 때를 대비해 보관한다는 안도감보다 그 때문에 발생하는 불편함이 몇 배는 크게 느껴지기 때문이다. 특히 나처럼 임대한 집에서 사는 경우는 물건이 늘어나면 물건 보관을 위해 임대료를 지불하는 꼴이 되고 만다.


한때 최소한의 필요한 물품만 가지고 회사에서 생활했던 적이 있다. 학생 시절 도움을 주셨던 분이 경영하는 회사의 대표이사가 되어 그 분 대신 경영을 맡았을 따다.

개인 소지품이라야 회사 로커에 있던 몇 벌의 양복과 속옷, 칫솔과 치약, 영어공부에 필요한 몇 가지 물건들이 고작이었다. 잠을 잘 때는 접이식 침대에 침낭을 깔고 누웠다. 식사는 회사 근처에 있는 식당이나 편의점을 이용하고, 욕실은 스포츠센터를 이용했다.

이 무렵 이야기를 하면 힘들었겠다고들 하지만 당시 나는 매우 쾌적한 생활이었다고 기억한다. 최소한의 필요한 물건밖에 가지지 않은 생활에 어떤 불편함도 스트레스도 느끼지 않았다. 오히려 일과 영어공부에 몰두할 수 있었던 어떤 의미에서는 행복한 시기였다. 그리고 무소유로도 충분히 살아갈 수 있다는 것을 깨달은 시기기도 했다.

내가 사물에 구속당하지 않고 자유롭게 살고 싶다고 생각하는 배경에는 이때의 경험도 상당히 영향을 미쳤을 것이다.

그렇다고 해서 소유에 대한 집착이 완전히 사라진 것은 아니다. 필요하지 않은 것에 마음이 움직일 때도 있다. 하지만 서서히 물욕에서 벗어나고 싶다. 그렇게 자유롭고 싶다.

 소유하는 삶은 오히려 불편을 낳는다.

서랍장 깊이 처박혀 있는 불필요한 물건 중 하나를 감사한 마음으로 버린다. 〈5분〉

# 05 | 일상의 작은 습관으로 건강해지자

## 에스컬레이터보다는 계단을 이용한다

절대 운동이 부족하니 다시 운동을 시작하자, 건강을 위해서라도 운동하자. 그런데 바빠서 좀처럼 운동할 시간이 없다고 호소하는 사람이 많다.

부자들은 다르다. '시간이 없다'는 것으로 끝내지 않는다.

정기적으로 스포츠센터에 다니거나 주말에 서핑이나 테니스를 할 수 있다면 더할 나위 없이 좋겠지만, 그것만이 운동은 아니다. 건강을 위해 신체를 단련하는 일은 특별히 시간을 할애하지 않아도 일상생활 속에서 충분히 가능하다.

예컨대 에스컬레이터보다 계단을 선택하고, 평소보다 빨리 걷고, 출퇴근 전철 안에서는 손잡이를 잡지 말고 신체를 단련한다.

한두 층은 계단으로 오르고, 잠깐 빨리 걷는 정도로 얼마나 운동이 되겠냐며 회의적인 사람도 있을 것이다. 사실 나도 그렇게 생각한다. 하지만 아무것도 안 하는 것보다는 단연코 나은 것만은 분명하다. 왜냐하면 이 습관을 계기로 생활 전반의 행동에 변화가 일어나기 때문이다.

대단치 않은 운동량이라도 계단을 오르면 다리와 허리가 뻐근하다. 그때 불현듯 평소 몸을 단련하는 것이 얼마나 중요한지 깨닫는다. 이 깨우침은 곧 다른 행동을 낳는다.

'매일 아침 가까운 역에서 전철을 탔지만 한 정거장 걸어가서 타자', '주말 아침에는 조금 일찍 일어나 조깅하자' 등등.

어떤 습관으로 비롯된 행동이 의식을 낳고, 그 의식은 다시 다른 행동을 낳는다. 하나의 작은 습관이 생활의 질을 향상시키는 계기가 되는 것이다. 여기에 습관이 갖는 중요한 의미가 있다.

한두 층을 계단으로 오른다고 그것으로 운동부족이 해소되거나 체중이 감소하지는 않는다. 그러나 이것을 계기로 일상생활 곳곳에서 신체를 단련한다면 큰 성과를 낳을 것이 분명하다.

먼저 그 계기가 되는 '한 걸음'을 내딛어보자.

 시간이 없다며 포기하지 말자.
다음에 지하철을 탈 때는 에스컬레이터보다 계단을
이용한다. 〈1분~〉


## 식사할 때 허리를 곧게 편다

자세가 좋으면 그것만으로도 충분히 멋지게 보인다.

나이가 지긋한 사람의 등이 곧으면 훨씬 젊어 보이고, 그가 살아
온 인생을 엿볼 수 있다. 다소 역경이 있었을지도 모르지만 씩씩하
고 성실하게 살아왔음이 느껴진다.

부자들도 대개 자세가 좋다.

내 자세는 그다지 좋지 않다. 일하다보면 무심코 긴장감 없는 자
세가 되어버리기 일쑤다.

어느 경영자는 회의 시작 전에 반드시 가슴을 펴고 자세를 바로

한다고 했다. 자세가 좋지 않은 내게는 정말 필요한 습관이었다. 이 때만큼은 반드시 자세를 점검한다는 규칙을 정해두면 못해도 하루 몇 번은 자신의 자세를 되돌아보고 등을 곧게 펼 수 있기 때문이다.

나는 당장 그 습관을 실천했다. 자세가 나쁜 탓에 하루 여러 차례 기회를 만들기로 정해 식사 전, 근무 전, 회의 전에는 반드시 등을 곧추세우고 가슴을 폈다. 그랬더니 최소한 하루에 세 번은 자세를 바르게 정돈할 기회를 얻었다.

정수리 부분이 하늘에 드리운 줄에 매달린 듯 등을 편다. 발은 비록 고층 건물의 바닥을 딛고 있을지라도 대지의 에너지를 느끼려고 한다. 하늘과 땅의 에너지가 몸을 통과하듯 등을 곧게 펴는 것이다. 이것만으로 기분은 청량해진다. 일이나 회의에 대한 의욕도 향상됐다.

올바른 자세로 식사하는 것은 음식에 대한 예의이기도 하다. 그렇다고 직립부동의 자세로 내내 일하거나 식사하는 것은 아무래도 어색하고 불편하다. 그래서 의식적으로 자세를 고쳐잡는 것은 처음뿐이다. 이후에는 자세가 지나치게 나빠지지 않도록 조심하면서 긴장을 푼다.

당신은 자신의 자세에 자신이 있는가? 만일 자신하지 못한다면

'이때만큼은 반드시 자세를 바로 한다'는 규칙을 정해두자.

 자세가 좋으면 인생이 멋져 보인다.
지금 아름다운 자세를 의식해보자. 〈1초〉

# 부자들의 풍요로움을 낳는 씨앗 뿌리기 습관

### 매일 체중을 체크한다

자신의 건강상태를 수치로 파악해두면 건강관리에 매우 유용하다. 건강상태를 나타내는 기준 중 하나는 체중이다. 체중의 급격한 변화는 몸이 정상이 아님을 말해준다. 체중계에 매일 오르면 그 변화를 깨닫고 서둘러 대처할 수 있다.

체중계 숫자를 보고 조금 쪘다는 것을 알게 되어 식사량을 줄이거나 지하철역에서 에스컬레이터를 타지 않고 계단을 이용하는 등 일상의 행동에 변화를 주는 확률이 높아진다.

오늘 목욕하기 전에 몸무게를 잰다. 〈1분〉

# 천연조미료를 사용한다

된장, 간장, 소금, 설탕 등 매일 사용하는 조미료는 까다롭게 선택한다. 조미료는 매일 먹는 것이니 양질의 것을 사용한다. 양질의 것인지를 판단하는 데 원료는 물론 제조법도 중요한 요소다.

간장은 대두나 밀가루, 천연수와 천일염을 사용해 1년 이상 자연 발효시킨 것이어야 한다. 그러나 시판되는 간장에는 탈지대두를 쓰고 3개월간 발효 숙성시킨 데다 여러 첨가물과 방부제가 포함된 것이 많다. 된장도 단기간에 발효시키고 감칠맛이 나는 조미료를 넣은 것도 있다.

소금은 전통적인 방식으로 만들어낸 천일염이 미네랄이 풍부하고 단맛이 있어 맛있다. 하지만 포장지만으로 제조과정을 알 수 없는 경우가 대부분이다. 그래서 가격이 다소 비싸기는 하지만 조미료는 신뢰할 수 있는 유기농 식품점에서 산다.

나는 야채도 유기농, 쌀도 무농약으로 재배한 유기농 현미를 먹기 때문에 식비가 만만찮다. 그러나 훨씬 맛있다. 게다가 조리도 간단하다. 제철의 신선한 야채라면 가볍게 삶아서 양질의 조미료를 살짝 가미하기만 해도 충분히 맛있게 먹을 수 있다. 제철 야채는 그

계절에 난 것이기에 자연의 에너지로 가득하고 건강하다. 건강한 야채를 먹으면 몸도 건강해진다.

조미료나 식재료에 대한 고집은 매월 식비지출을 끌어올린다. 그렇지만 나의 경우 엥겔지수는 예전에 비해 훨씬 낮아졌다. 매일 양질의 끼니에 집착하자 외식이 줄었기 때문이다. 독신 시절에는 술을 마실 때도 있어 매월 20만 엔 이상을 식비로 지출한 적도 있었다.

또한 잘못된 섭생으로 질병에 걸리는 경우를 생각하면 식비로 지출하는 것이 단연코 '절약'이다. 의료비나 병원에 오가는 교통비나 시간을 생각하면 양질의 식재료를 먹고 질병을 예방하는 것이 훨씬 저렴하다.

유기농 야채가 비싼 것은 사실이다. 그러니 갑자기 모든 먹거리를 유기농으로 바꾸기는 어려울 수 있다. 그런 경우에는 매일 사용하는 조미료 먼저 엄선해 바꿔보는 것이 어떨까.

조미료나 식재료를 까다롭게 고르고 신선한 제철 채소를 먹으면서 겨울에 먹는 무가 여름에 먹는 것보다 훨씬 달다는 사실을 알았다. 깡통에 든 옥수수 알갱이와 껍질째 팔리는 옥수수는 탱글탱글한 느낌의 정도가 완전히 다르다는 사실도 알았다. 제철에 수확한 당근은 달달한 향이 난다.

먹거리에 까다로워진 만큼 사고가 풍요로워졌다. 이것도 내가 먹거리에 대한 고집으로 얻은 큰 수확이다.

 자연 에너지로 가득한 제철 야채는 몸에 건강을 선사한다.
유기농 식품점에서 조미료 하나를 사본다.〈5분〉

## 현미 160그램을 먹는다

남을 소중히 여기기 위해서는 먼저 자신을 소중히 해야 한다.

나는 많은 부자들의 이야기를 들으면서 다시금 이 사실을 뼈저리게 느꼈다.

앞에서도 말했지만, 진정한 부자들은 타인에 대한 애정과 배려심을 갖고 있다. 자신만을 생각하지 않고 다른 것을 생각하는 마음의 여유가 있다. 그 토대가 바로 건강이다.

부자들의 상당수는 활기차게 살아간다. 자신이 건강하지 못하면 남을 배려할 여유 따윈 생기지 않는다. 고열로 고통스러울 때나 치통이나 배탈이 났을 때는 오로지 어떻게 하면 그 고통에서 벗어날 수 있을까. 그 생각으로 머릿속이 꽉 찬다. 다른 것에는 생각이 미치지 못한다. 타인은커녕 자신을 돌보는 데 급급하다.

부자들의 대부분은 이 점을 잘 알고 건강에 대한 노력을 게을리 하지 않는다. 그 중에서도 가장 기본이 되는 섭생에 특별히 주의를 기울인다.

술을 마시지 않는다, 커피를 마시지 않는다, 고기를 먹지 않는다, 달걀을 먹지 않는다, 유제품을 먹지 않는다, 청량음료를 마시지 않는다, 시판되는 빵은 거의 먹지 않는다, 정크푸드는 먹지 않는다, 주식은 현미고 야채는 유기농 야채를 산다. 부자들은 이러한 먹거리에 대한 습관 중 최소한 한가지는 실천했다.

이처럼 자신을 소중히 생각하기에 다른 사람에 대한 애정과 배려심을 가질 수 있는 것이다.


위에서 말한 식습관은 나도 실천하고 있는 습관인데, 최근 시작한 식습관이 한 가지 더 있다. 한 끼 식사로 먹는 현미밥의 양을 160그램으로 제한한 것이다. 현미를 먹는 것까지는 좋은데, 조금 과식하는 경향이 있기 때문이다.

흔히 좀 더 먹고 싶을 때 숟가락을 내려놓는 것이 건강에 좋다고 말하는데, 나는 좀처럼 어느 정도가 덜 먹는 것인지 감을 잡을 수 없었다. 그러다 보니 무심코 과식을 할 대가 많았다.

어느 날 한 끼로 남성은 현미 160그램, 여성은 130그램과 그만큼의 야채와 콩류를 먹으면 충분하다는 말을 듣고 실행에 옮겼다.

매번 현미밥을 그릇에 담아 무게를 잰다. 160그램은 가볍게 퍼서 밥그릇 하나 정도다. 그리고 같은 양의 야채와 콩을 먹는다.

얼핏 적은 듯 보이지만 꼭꼭 씹어 천천히 먹으면 충분히 포만감을 느낄 수 있다. 양이 줄어든 만큼 소화에 대한 부담도 줄었고 몸도 훨씬 좋아졌다.

장수의 기본은 소식이라고 한다. 세 끼 식사를 배불리 먹는 사람은 전체 양을 조금씩 줄여보자. 몸이 훨씬 좋아지는 것을 느낄 수 있을 것이다.

 타인을 배려하기 위해서 자신의 건강에 힘을 쏟자.

다음 식사는 조금 덜 먹는다. 〈0초〉

## 부자들의 풍요로움을 낳는 씨앗 뿌리기 습관

### 음식을 남길 때는 깨끗하게

일반적으로 음식은 남겨서는 안 된다고 한다. 분명 음식을

함부로 다루거나 만든 사람에 대한 감사·은혜를 잊어서는
안 된다. 하지만 절대로 남기면 안 되는 것은 아니다. 건강
이라는 측면에서 생각하면 남기는 것이 좋은 경우도 있다.
그때는 감사의 마음을 담아 깨끗하게 남기자. 외식할 때는
주문할 때 미리 밥은 절반만 달라고 한다.

다 먹은 다음에 접시가 깨끗한지 확인한다. 〈1초〉

## 식사 한 입은 꼭꼭 50번 씹는다

건강하려면 음식물을 꼭꼭 씹어서 먹는 것이 좋다. 잘 씹으
면 소화기관의 부담이 가벼워지고 영양분의 흡수력이 높아
진다. 또한 씹는 저작운동은 뇌를 자극해 좋다.

나는 식사할 때 매번 50번씩 씹는다. 나무 열매를 먹는 다람
쥐처럼 엄청 빠른 속도로 50번을 씹는다. 꼭꼭 씹는 습관을
들이면 몸이 좋아진다. 50번 씹기가 힘든 사람은 우선 '한
입만' 50번을 씹어먹는 것부터 시작하자.

음식물을 한 입 넣으면 일단 젓가락을 내려놓는다. 〈5초~〉

## 전용 젓가락을 갖고 다닌다

내 가방에는 수저가 들어 있다. 회사에서 도시락을 먹을 때

는 물론 식당에서도 전용 수저를 사용한다. 내가 전용 수저를 가지고 다니는 것은 지구환경을 위한 것이기도 하지만 '꼭꼭 씹어먹기' 위해서이기도 하다. 나는 밥을 입으로 가져갈 때마다 수저를 내려놓는다. 그리고 50번 씹는다. 매번 50번 씹기 위해서는 젓가락을 일일이 내려놓는 것이 포인트다.

전용 수저를 이용하면서 밥을 성심껏 먹게 되었다. 음식과 그것을 요리해준 사람에 대한 감사도 깊어진다.

전용 수저를 산다. 〈5분〉

## 시간을 뺏는 담배와 영원한 작별을 한다

담배를 끊고 나는 1년간 38일, 912시간의 자유시간을 얻었다.

예전의 나는 줄담배를 피우던 골초로 하루 평균 한 갑 반을 피웠다. 금연을 몇 번인가 시도했다가 실패했는데, 31세에 '평생 피우지 않겠다'고 다짐한 뒤 완전히 끊었다.

담배를 끊고 진심으로 다행이라 생각하는 것은 술도 마찬가지지만, 자유롭게 쓸 수 있는 시간을 얻었다는 점이다.

114

담배는 사러 가는 시간, 피울 곳을 찾는 시간, 피우는 장소로 이동하는 시간, 피우는 시간, 담배 생각에 사고가 멎어 있는 시간까지 고려하면 담배 한 개비에 평균 5분은 낭비한다.

한 갑에는 20개비가 들어 있으니 한 갑의 담배를 피우는 데 소모되는 시간은 100분. 나의 경우에는 하루 한 갑 반을 피우니 매일 2시간 반, 연간 38일분의 시간을 담배 연기로 날려버리는 셈이다. 담배를 끊으면 그 귀중하고, 방대한 시간을 자유롭게 보낼 수 있다.

금연은 돈도 절약하는 일이다. 담뱃값은 물론, 금연으로 병을 예방할 수 있다면 치료비도 절약하는 셈이다. 국립병원의 입원 치료비는 1개월 평균 30만 엔이라 한다. 병에 걸려 일을 못해 수입이 끊긴다면 그것 또한 손실이다.

금전적인 측면에서도 단연코 금연의 이점은 엄청나게 크다.


내가 만난 부자들은 담배를 피우지 않거나 예전에는 피웠지만 지금은 피우지 않는 사람이 많았다.

그들이 담배를 피우지 않는 가장 큰 이유는 '시간 낭비'이기 때문이다.

건강이나 금전적인 절약을 이유로 꼽는 사람은 의외로 적었다.

금연을 생각하는 사람은 담배로 자신의 귀중한 시간이 사라지는 상황을 진지하게 생각해보는 것이 금연에 이르는 가장 빠른 지름길일지 모른다.

 시간은 가장 귀중한 자원이다.
시간을 빼앗는 습관과는 이별을 고한다. 〈0초〉

## 술로 얻는 장단점을 생각해보자

고급 브랜디나 위스키, 와인셀러에 즐비한 적당한 온도로 식힌 고급 와인. 부잣집에는 이렇게 고가의 술이 항상 준비돼 있을 것이라 상상한다. 어린 시절 보았던 텔레비전 드라마나 영화의 영향 때문일지 모른다.

그런데 내가 만난 부자들은 술을 한 방울도 마시지 않거나 아주 간혹 마시는 정도라 말하는 사람이 적지 않았다. 혼자서는 마시지 않는다, 마실 수는 있지만 마시지 않는다고 말한 사람도 있었다. 술을 좋아하는 사람이 의외로 적었다.

나는 32세에 술을 완전히 끊었다. 그때까지는 매일 밤 잠자기 전에 술을 마시고, 친구들과의 술자리에서도 다른 누구보다 많이 마셔 필름이 완전히 끊긴 적도 몇 번 있었다. 당시 나는 술을 들이붓듯이 마시고, 담배를 연신 피워 대고, 식사는 주로 외식, 생활은 야행성, 휴식은 매주 한 번밖에 하지 않는 불건전한 생활을 보냈다.

어느 날 혈액검사를 받았는데 결과가 혹독했다. 검사 항목 대부분의 수치가 정상치를 크게 벗어나 있었다. 31세라는 한창 나이에 통풍이라는 진단을 받았다.

'이대로는 안 된다.'

나는 생활을 완전히 바꿨다. 먼저 담배를 끊었고 이어 술을 끊었다. 금주는 매우 현명한 결단이었을 뿐 아니라 나 자신을 매우 자유롭게 만들어주었다. 저녁 7시부터 술을 마시기 시작하면 그 이후로는 기본적으로 아무 일도 하지 못했다. 해야 할 일이나 공부가 남아 있어도 손도 대지 못했다.

이것도 간혹 있는 일이라면 상관없겠지만, 당시에는 업무상 만난 친구들과 술자리를 갖는 등 한 주에 몇 번은 술을 마셨다. 나의 귀중한 시간을 술에게 빼앗겼다.

술을 마시지 않으면 밤 9시부터 12시까지 자유롭게 사용할 수 있다. 가령 술을 주 3회 마셨다고 가정하면 1주일에 9시간의 자유 시간을 빼앗기게 된다. 9시간이라면 장르에 따라 다르겠지만 3, 4권의 책을 읽을 수 있다. 자신의 계획이나 업무에 대해 찬찬히 생각할 수도 있다. 그 시간에 일하고 그만큼 휴일을 여유롭게 지낼 수도 있다.

술을 끊었더니 잃어버렸던 시간이 되돌아왔다. 술에 시간을 구속당하지 않았다. 나는 매우 자유로워졌다. 물론 지출도 줄었다.

술을 끊었다고 사람들과의 교제가 줄어든 것은 아니다. 술을 마시지 않아도 술자리에 참석한다. 레몬을 넣은 탄산수를 술 삼아 마시며 술기운에 취한 친구들과 흥겹게 그 자리를 즐겼다.


모든 사람들이 술을 끊어야 한다고 생각하지는 않는다.

술은 백 가지 약 중에서 으뜸이라는 말도 있다. 좋은 술은 자연이 내린 은혜다. 술이 사람과의 커뮤니케이션을 풍요롭게 만들어주는 경우도 있다. 적정량의 술을 마시는 것은 이점이 많다. 중요한 것은 균형이다.

술로 얻을 수 있는 이로운 점과 해로운 점을 생각하자는 것이다.

나의 경우는 술로 인한 즐거움보다 안 좋은 점이 훨씬 컸다. 술로 얻는 것보다 잃는 것이 더 많았다. 그래서 끊었다.

그러나 이것은 어디까지나 나의 경우다.

건강, 시간, 사람들과의 교제, 가치관 등 모든 관점에서 자신이 '가장 행복한' 상태를 생각하고 그것에 맞춰 술과의 관계를 정리하는 것이 좋을 것이다.

 무엇인가를 끊으면 자유를 얻을 수 있다.
다음번 회식에서는 맥주 대신에 탄산음료를 주문해본다.
〈0초〉


## 백설탕의 달콤한 유혹을 거부한다

솔직히 고백하면 나는 얼마 전까지 작은 봉지 초콜릿을 무려 한 달 동안 매일 한 봉지씩 먹었다. 두 봉지를 먹은 날도 있었다.

술은 마시지 않는다. 주식은 현미고 유기농 야채를 먹는다. 고기, 달걀, 유제품은 먹지 않는다. 이렇듯 건강에 좋은 식생활을 실천하는 한편 업무 틈틈이 슬쩍슬쩍 초콜릿을 먹었던 것이다.

2년 전에 백설탕이 몸에 미치는 악영향을 알게 된 이후 나는 백설탕이 들어간 과자를 먹지 않았다. 그런데 사소한 계기로 초콜릿 과자를 먹게 된 다음 그 맛과 독특한 식감에 완전히 사로잡히고 말았다. 편의점에서 쉽게 살 수 있고, 한 봉지 120엔인 초콜릿 과자다. 편의점에 갈 때마다 무심코 샀고, 최소한 한 봉지는 먹어야 성에 찼다.

한 달이 지나자 체중이 5킬로그램 늘었다. 나 스스로 정한 마감날짜도 지키지 못했다. 왠지 생활 전반에 긴장감이 사라져버린 것 같았다.

이래서는 안 되겠다, 다시 백설탕이 들어간 과자는 먹지 않겠다고 굳게 다짐했다.


"어쩜 그렇게 간단히 끊을 수 있죠?"

나의 이야기를 들은 사람 중에 이렇게 질문하는 사람도 있다. 요령은 인내하지 않는 것이다.

먹고 싶지만 참는 기분을 갖지 않는 것이다. 그렇다고 그냥 먹는 것이 아니라 '먹고 싶지만 참는' 마음 자체를 버리는 것이다.

인내는 욕구의 뒷면이다. 초콜릿 먹기를 참는다는 마음의 이면에는 초콜릿이 먹고 싶다는 욕구가 숨어 있다. 참으면 참을수록 더욱더 먹고 싶어진다. 따라서 근원이 되는 '참는' 마음을 버리는 것이다. 연인과 깔끔이 이별하듯이 초콜릿과 결별하는 것이다.

이대로 관계를 유지해도 절대 자신에게 이롭지 않다, 너무 좋아하지만 헤어지는 편이 낫다. 연인과 이런 관계가 되었을 때 깔끔하게 헤어지면 의외로 기분이 개운하고 편해진다. 만날까 말까, 문자로 어떻게 대답하면 좋을까, 일일이 신경 쓰지 않아도 된다. 만나지 않는 게 낫다고 생각하면서 다시 만나고만 자신의 유약함을 한탄하지 않아도 된다. 더는 끙끙거리며 고민하지 않아도 된다. 그렇게 생각하면 큰 해방감을 느낄 수 있다.

나는 초콜릿과의 결별에서도 그런 해방감을 맛보았다.

편의점 앞에서 살까 말까 고민하는 것. 건강의 중요성을 사람들 앞에서 이야기하면서 몰래 초콜릿을 먹는 것에 대한 죄책감. 초콜릿의 이점을 필사적으로 찾고 있는 나.

초콜릿과의 관계를 싹둑 잘라냄으로써 이런 구속에서 벗어나 자유로워질 수 있었던 것이다.


백설탕이 들어간 초콜릿, 고기, 달걀, 유제품 등 나는 먹지 않는 것이 꽤 많지만, 그렇다고 해서 다른 사람들도 그래야 한다고 생각하지는 않는다.

기본적으로 먹지 않지만 정 먹고 싶으면 적당히 먹는 것도 된다는 규칙을 정해놓는 것도 좋다. 초콜릿도, 고기도, 달걀도, 유제품도 상황에 따라서는 건강에 좋은 면을 가지고 있다. 따라서 엄격하게 평생 먹지 않는다고 결심할 필요없이 때로는 먹는다.

돈과 마찬가지로, 중요한 것은 음식을 어떻게 자신의 행복과 건강을 유지하는 데 이용할 것인가에 있다.

초콜릿을 먹지 않는 것은 행복하고 건강한 자신이 되기 위한 수단이지 결코 목적이 될 수 없다.

따라서 초콜릿은 안 먹는다고 결심했다고 해서 그것을 지나치게 고집할 필요는 없다. 먹고 말았다며 좌절하지 않아도 된다. 수단을 지키는 데 지나치게 매달릴 필요는 없는 것이다.

가장 중요한 것은 자신이 얼마나 건강하게 얼마나 행복하게 지내는가에 있다. 이 목적을 위해서는 어느 정도의 규칙은 정해놓는 것이 좋다. 그렇지만 그 규칙에 구속당하지 않는 것도 건강하고 행복하게 살아가는 요령이라 믿는다.

 미련없이 작별하면 후회가 아니라 거기서 벗어났다는 해방감이 찾아온다.

먼저 과자 구입비를 절약해보자. 〈0초〉

# 06 | 여유로운 습관으로
마음의 리듬을 가다듬어라

## 엘리베이터의 닫기 버튼은 누르지 않는다

'행동이 멋지다.'

부자들을 취재하면서 나는 이런 생각을 했다. 사소한 동작, 몸짓에 여유가 느껴졌기 때문이다.

헤어질 때의 인사, 문을 닫을 때의 모습, 무언가를 건넬 때의 동작 하나하나가 매우 정중하고 아름다웠다.

예전과 비교하면 나도 생활 곳곳에서 정중하게 행동하고 있다. 그 행동은 아주 사소한 것들이다. 레스토랑에서 식사를 마친 뒤 젓가락을 가지런히 놓는다. 자리에서 일어나 의자를 원래의 위치로 다시 놓는다. 택시비를 지불할 때 운전사에게 정중히 돈을 건네고 거스름돈도 정중히 받는다. 누군가와 헤어질 때도 느긋하고 정중하게 인사한다.

어째서 그렇게 행동하는 것일까?

대부분의 부자들은 마음 밑바닥에 사랑과 감사의 마음이 있다는 것을 알게 되었다. 그들은 늘 겸허한 태도로 모든 것을 사랑과 감사의 마음으로 대한다.

나는 그것의 중요성을 깨닫고 그들의 습관을 흉내 냈다.

이것이 변화의 근본이 아닐까. 모든 것에 대한 사랑과 감사의 마음이 몸짓, 동작에 영향을 미치는 것이 아닐까.

식사를 마친 뒤 젓가락을 가지런히 놓는 것은 식사에 대한 감사, 자리에서 일어나 의자를 원래 위치로 정돈하는 것은 레스토랑 직원에 대한 감사, 택시비를 정성껏 지불하는 것은 운전사에 대한 감사, 헤어질 때 느긋하고 정중히 인사하는 것은 상대에 대한 사랑과 감사를 표현하는 행위다.


반대의 경우도 있다. 의식적으로 여유롭고 정중하게 행동함으로써 사랑과 감사의 마음을 낳는 것이다. 따라서 때로는 의식적으로 여유롭고 정중하게 행동해 본다.

그 하나가 엘리베이터의 닫기 버튼을 누르지 않는 것이다.

나는 엘리베이터를 타면 당연하다는 듯 닫기 버튼을 눌렀다. 자동으로 닫힐 때까지 불과 몇 초를 기다리지 못했다. 대부분의 사람들이 문이 닫힐 때까지 진득하게 기다리지 못하고 성급하게 닫기 버튼을 누른다.

나는 닫기 버튼을 누르지 않기로 했다. 이 습관에 대해서는 게이오 대학의 무라타 쇼지 명예교수의 강연회에서 들었다.

닫기 버튼을 누르지 않는 행동은 여유로운 생활을 보여주는 하나의 행위라 크게 공감했다. 국가에 따라서는 엘리베이터에 닫기 버튼이 없거나 있어도 거의 누르지 않는다.

회사 건물이나 맨션 엘리베이터는 많은 사람이 이용해 좀처럼 실행하지 못하지만, 그래도 상황이 되면 문이 저절로 닫힐 때까지 기다린다. 그리고 엘리베이터에 올라 닫기 버튼을 누를 때마다, 나는 저절로 문이 닫히기를 여유롭게 기다리는 무라타 교수의 모습을 떠올렸다. 그러자 어느 새 나의 행동에 좋은 영향을 미쳤다.

 사랑과 감사의 마음이 있으면 여유롭게 행동하게 된다.
닫기 버튼을 누르는 것을 2초간 참아본다. 〈2초〉

# 부자들의 풍요로움을 낳는 씨앗 뿌리기 습관

## 약속 장소는 서점으로

누군가와 만날 약속을 하면 뜻하지 않게 기다리는 경우가
발생한다. 약속 장소에 예상보다 빨리 도착하기도 하고 전
철 연착 등 생각지 못한 사태로 상대가 늦어져 몇십 분을 기
다리기도 한다. 그래서 기본적으로 약속 장소는 서점으로
한다. 빨리 도착해도, 어느 한 사람이 늦어도 서로 유익한
시간을 보낼 수 있다.

약속 장소는 서점으로 정한다. 〈0초〉

## 돈으로 살 수 있는 시간은 아낌없이 산다

시간을 단축하기 위한 돈은 기본적으로 아끼지 않는다. 예
컨대 몇 년 전에 구입한 클로스바이크가 그랬다. 자전거로
통근하기 위해 구입했는데, 가격은 약 10만 엔 정도다. 그
덕에 통근시간이 왕복 10분 이상 단축됐다. 1개월이면 4시
간, 연간으로 따지면 무려 48시간이 단축된 셈이다. 게다가
달릴 때의 상쾌함이란 이루 말할 수 없이 좋다.

그 외에도 느려진 컴퓨터를 바꾸고, 전철보다 택시가 빠를 때는 택시를 탄다.

쓸데없이 시간을 뺏기고 있지 않은지, 돈으로 해결할 수 있는 일인지 생각해본다. 〈3분〉

## 현재 만족하는 것들을 적는다

내 수첩에는 현황에 대한 만족에 대해 적는 페이지가 따로 있다. 지금 무엇에 만족하고 있는지, 어떤 식으로 행복을 느끼고 있는지를 적는 것이다.

때때로 이 페이지를 펼쳐놓고 지금 무엇을 어떤 식으로 행복이라 느끼는지 생각한다. 그리고 만족이나 행복의 내용이 달라졌다면 그것을 다시 적는다.

예를 들면, 다음과 같은 것을 적는다.

● 지금 나는 하고 싶은 일을 하고 있다.

● 업무 능력을 갖추고 인간적으로도 매력적인 사람들과 함께 일하고 있다.

● 아침 햇살이 잘 드는 전망 좋은 집에 살고 있다.

● 나를 소중히 생각해주는 가족이 있다.

● 충분한 수입을 얻고 있다.


우리는 미래를 사는 것도 과거를 사는 것도 아니다. '지금'이라는 현재의 시간을 살아가고 있다. 현재를 행복하게 살아가는 것이 무엇보다 중요하다. 행복한 지금이 쌓이고 쌓여서 행복한 인생이 되는 것이다. 그러나 우리는 의외로 '미래'를 살고 있는 경우가 적지 않다. 무심코 미래를 위해서 현재를 희생시키는 것이다.

앞에서 목표에 지나치게 집착하지 않는다고 말했는데, 그 이유 중 하나는 여기 있다.

목표달성을 위한 노력은 중요하고, 목표를 향해 살아가는 것은 충실한 인생으로 이어진다. 그러나 그 목표에 사로잡혀 현재를 간과한다면 주객이 전도된 것이다. 목표를 달성하는 것 자체가 목표가 되어 '현재'의 행복을 희생시키면 결코 인생은 행복해질 수 없다.


'현재 상황에 대한 만족'에 대해 생각하고 수첩에 적으면 현재의 행복을 실감하게 된다. 지금 나는 매우 행복하다고 느낄 수 있다.

현재를 행복하게 살아가는 사람은 과거를 긍정하고 행복한 미래를 가꿔나간다. 그러나 불행하다고 생각하는 사람은 불가능하다.

과거 부모의 이혼이라는 아픈 경험이 있었다고 가정해보자. 현재를 행복하게 살아가는 사람은 '부모의 이혼은 분명 괴로운 일이었다. 그러나 그 경험이 있었기에 나는 자립할 수 있었다'며 어떤 긍정적인 면을 찾아낸다. 자신의 과거를 긍정하고 미래도 또한 현재처럼 행복할 것이라 상상한다.

한편 현재를 행복하게 살아가지 못하는 사람은 '이혼이 나를 망쳤다'는 생각을 털어내지 못한다. 자신의 과거를 긍정하지 못하고, 미래에도 행복한 시간은 오지 않을 것이라 단정한다. 자신의 미래에 기대감을 갖지 않는다.

결국 과거와 미래를 어떻게 살 것인가는 지금을 어떻게 사는가에 달려 있는 것이다. 그래서 나는 현재를 행복하게 살아가기 위해 늘 현재 상황에 만족하는지를 확인한다.

동시에 현 상황에 대한 불만을 확인하는 것 또한 중요하다.

불만은 때때로 행동하는 데 에너지가 되어 준다. 수입이 적다는 불만은 좀 더 분발하자는 동기를 낳는다. 불만의 원인을 분명히 밝혀 업무방식이나 생활방식을 개선하는 계기로 이용한다.

현 상황을 긍정하면서 보다 나은 방향으로 나아가기 위해 어떻게 하면 좋은지 생각하는 기회가 된다. 현 상황에 대한 긍정과 부정 모두 명확히 해두는 것이 중요하다. 하지만 불만은 좋은 에너지를 낳지 못하는 경우가 압도적으로 더 많다.

불만보다는 만족하는 것에 대해 충분히 적어본다. 먼저 현재 상황에 긍정한 뒤에 부족한 부분이나 불만으로 시선을 돌리는 것이 바람직하다.

 미래도 과거도 아닌 '현재'를 행복하게 산다.
현 상황에 대한 만족 10가지와 불만 1가지를 노트에 적어
본다. 〈10분〉

## 부자들의 풍요로움을 낳는 씨앗 뿌리기 습관

### 친구 · 가족들과 행복한 사진을 장식해 본다

현관이나 거실, 침실 등 눈에 띄는 곳에 친구나 가족들과 행복한 추억이 담긴 사진을 장식해본다. 볼 때마다 즐거웠던 추억이 되살아나는 기분이 들도록. 사진 속 가족이나 친구의 환하게 웃는 얼굴은 언제나 행복을 선사한다. 특히 지쳤을 때 그것은 자양강장제가 되어준다.

디지털 카메라에 보관되어 있는 사진을 출력한다. 〈15분〉

**목표는 현재형이나 과거형으로 쓴다**

목표를 노트에 적을 때 현재형이나 과거형으로 쓰는 것이
실현할 가능성을 높여준다. 목표를 실현시키는 요령은 잠
재의식이 그 목표를 이미 이루었다고 믿는 상태로 만드는
것이다.

'~하고 싶다', '~이 되고 싶다'고 바라면 현실에서는 그렇지
않다는 메시지가 잠재의식에 전달된다. '나는 변호사가 되
겠다'가 아니라 '나는 변호사다', '나는 변호사가 되었다'로,
'차가 갖고 싶다'가 아니라 '나는 차가 있다'로 쓰는 것이다.
목표를 현재형이나 과거형으로 적고 소리 내 읽는다. 〈15초〉.

## 우울할 때는 '이래도 좋다'고 말한다

마음이 우울할 때 나의 특효약은 '바카본의 파파'가 되는 것이다.
　업무상 실수를 저질러 상사에게 심한 꾸중을 듣고 우울할 때. 오
래 전부터 고대하던 여행 계획을 친구가 갑자기 취소했을 대.

**131**

이럴 때 당신은 어떻게 마음을 추스르는가.

맥주나 와인을 실컷 마시고 술기운을 빌려 머릿속에서 지워버릴지도 모른다. 친구에게 불만을 터뜨리거나 울면서 마음을 진정시킬지도 모른다. 혹은 혼자 방에 틀어박혀 한껏 우울해 할지도 모른다.

그때는 일단 '이래도 좋지!' 소리 내 말해본다. 이 말은 고 아카쓰카 후지오의 만화《천재 바카본》에서 바카본의 파파가 한 명대사이기도 하다.

이 말로도 마음이 진정되지 않을 때는《천재 바카본》의 TV 만화 주제곡을 부른다. 몇 개의 만화 주제곡 중 내가 자주 부르는 노래는 좋은 의미에서 '아무래도 좋은 노래'다. 가사는 교훈이라고는 찾아보기 어렵고 마음에 남는 것도 없다. 그래도 노래를 부르고 나면 왠지 기운이 난다. 까닭 없이 즐거워져 '아무렴 어때. 그리 우울해 할 문제가 아니야.'라는 생각이 든다.

대개의 일은 '이래도 좋지!'라는 말로 현재의 상황을 긍정할 수 있다. 이 노래는 내게 이런 엄청난 힘을 발휘한다.

하지만 내가 '이래도 좋지'라는 마법의 말에 힘을 빌리는 것은 불가항력일 때뿐이다. 이런저런 많은 일에 '이래도 좋지'라며 끝내버린다면 결국 도피에 지나지 않는다. 또한 어쩔 수 없었다며 노래 부르는 것으로 끝내면 더 이상 성장이나 진보로 이어지지 않는다.

　나는 아무리 나이가 들었어도 매일 조금씩이라도 인간으로서 성장하고 싶다. 성장하기 위해서는 반성과 깨달음이 필요하다. 실패했거나 우울할 때는 과정을 되돌아보고 반성할 점은 없는지 날카롭게 따져본다. 무언가를 깨닫는다면 한 단계 성장할 수 있다.


　오래전 회사를 나와 집으로 향하던 길에 자전거가 얕은 턱에 걸려 인도로 구른 적이 있었다. 구급차에 실려 병원에 가니 쇄골이 부러졌다며 전치 8주가 나왔다.

　가슴에서 어깨까지 깁스로 고정했다. 계절은 여름. 불쌍한 모습으로 강단에 서야 했다. 이때도 내 기분을 회복시켜 준 것은 '이래도 좋지'라는 말이었다.

　행동이 자유롭지 못하지만, 그 대신 책상 위에 쌓여 있던 일을 해치우고 있다.

　쇄골이 부러졌다. 만일 인도가 아니라 차도로 굴렀다면 정말 심각한 상황이 되었을 것이다. 가벼운 골절로 끝나 천만다행이다.

　예전에 어느 마크로비오틱 강사가 사고는 하늘이 내려준 빨간 신호라고 했다. 나의 인생에 어쩌면 궤도 수정이 필요한 것일지도 모른다. 자신을 돌아볼 기회가 주어진 것일지도 모른다.

'그러니, 이래도 좋지!'

이래도 좋지, 라는 말로 현재의 상황을 긍정하고 차분한 마음으로 냉정히 사물을 바라본다. 그제야 반성이 가능하다.

그때 나는 좀 더 안전하게 자전거를 타야 했다, 도로의 야트막한 턱에 주의를 기울였어야 했다, 시간에도 조금 여유를 가져야 했다고 반성했다. 그 사건 이후 나는 한층 안전하게 자전거를 타고 있다.

만일 당신이 지금 어떤 일로 우울하다면 일단 '이래도 좋지!'라고 말해본다. 그래서 기분이 좀 나아지면 왜 이래도 좋은 것인지를 생각한다. 사소한 것일지라도 큰 깨달음을 얻을 수 있을 것이다.

모든 사건에는 의미가 있다.
인터넷으로 《천재 바카본》의 주제곡을 들어본다. 〈5분〉

## 부자들의 풍요로움을 낳는 씨앗 뿌리기 습관

### 호빵맨의 행진곡을 불러본다

일, 스포츠, 공부, 인간관계에서 좋은 성과를 내기 위해서는 집중하면서도 긴장되지 않은 상태로 임하는 것이 중요하다. 그런 상태로 만들어주는 노래 하나를 추천하면, TV 만화영화 주제곡 '호빵맨의 행진곡'이다.

소리 내 불러보면 노래가 끝날 무렵에는 기운이 나고 심신 모두 편안해질 것이다.

호빵맨의 행진곡을 인터넷으로 검색해본다. 〈5분〉


## 좋은 점占만 믿는다

나는 나쁜 미래는 나쁜 생각에 따라 만들어진다고 믿는다. 가령 점쟁이가 누군가의 미래나 운세에 대해 좋지 않은 판단을 했다고 가정해보자. 그것이 단순히 객관적인 판단이라 해도 그때 나쁜 예언을 함으로써 점쟁이는 상대의 나쁜 미래를 바라게 된다.

타인이 바라는 나쁜 미래라면 처음부터 받아들이지 않으면 된다. 좋은 미래를 안겨줄 점만 받아들인다.

오늘의 좋지 않은 운세는 잊는다. 〈10초〉


## 일어나자마자 오디오를 켠다

나는 아침에 일어나자마자 텔레비전이 아니라 오디오를 켠다. 음악이 정신에 미치는 영향은 매우 크다. 음악은 듣고만 있어도 활력이 생기고 마음이 편안해진다.

텔레비전을 끄고 오디오 음악을 듣는다. 〈10분〉


### 《논어》 같은 고전을 읽는다

베스트셀러나 화제의 책도 좋지만 10년 이상 꾸준히 팔리는 스테디셀러 《논어》 같은 고전을 읽는다. 고전에는 사물의 본질이 담겨 있기 때문이다. 고전 읽기는 틀림없이 풍요로운 인생을 보내게 해준다.

서점 고전 코너에 가본다. 〈10분〉


## 한 달에 한 번 혼자만의 시간을 갖는다

주말 밤 일을 마친 뒤, 집으로 가지 않고 그대로 홀로 여행을 떠나기도 한다.

여행이라 해도 그리 멀지 않은 곳에 간다. 내가 자주 가는 곳은 가나가와 현의 아타미다. 아타미는 시나가와에서 신칸센으로 40분 정도 걸린다. 사무실이 있는 신주쿠에서 출발하면 그곳까지 한 시간이면 갈 수 있다.

여행의 목적은 혼자가 되는 것, 그리고 생각하는 것이다. 혼자만의 생각하는 시간을 갖는 것이다. 일, 인생, 가족에 대해 곰곰이 생각하는 시간이다.

이러한 시간은 일상에서는 좀처럼 가질 수 없다. 항상 해야 할 일과 과제가 있고, 우리는 무심코 눈앞의 작업을 좇는다. 일이 일단락 지어지면 책을 읽고, 음악을 듣는다. 영화도 보고, 스포츠도 하고, 가족과 함께 지낼 시간도 갖는다.

그러나 혼자가 되어 생각하는 일은 나중으로 미루게 된다.

하지만 자신의 인성을 보다 행복하게 살려면, 시간의 흐름에 몸을 맡긴 채 만성적으로 살아가지 않으려면 생각하는 시간은 반드시 필요하다.

그래서 나는 일부러 혼자 여행을 떠나 '혼자가 되어 생각하는 시간'을 갖는다.


회사에서 일을 끝낸 뒤 고속열차 신칸센에 몸을 싣고 아타미로 향한다. 묵는 호텔은 늘 같다. 아침 햇살이 내리비추고, 노천온천이 있고, 가격도 적당하고 분위기도 좋아 즐겨 이용한다.

도착한 날 밤에는 저녁을 뜨고 노천온천에서 편안하게 휴식을 취한다. 다음날 아침에도 노천온천에 들어갔다 나와서 아침 식사를 한다. 오전 중에는 호텔 라운지에서 지낸다. 체크아웃을 한 뒤에는 근처 카페나 패밀리 레스토랑으로 이동해 이른 저녁 식사를 하고 돌아온다.

그동안 나는 혼자인지라 거의 만 하루 동안 그 누구의 방해도 받지 않고 생각할 수 있다.

게다가 주위에 펼쳐진 것은 산과 바다의 풍광이다. 바닷바람 냄새, 그곳 사람들의 숨결, 내겐 일상적이지 않은 환경이 평소 사용하지 않는 감각을 자극한다. 발상의 전환이 가능한 데다 긴장을 풀고 있기에 다양한 아이디어가 떠오른다.


혼자 떠나는 여행에는 컴퓨터를 갖고 가지 않는다. 컴퓨터를 가져가면 아무래도 일이나 메일 작업에 빠져 사고하는 데 방해가 되기 때문이다. 대신 노트와 일기장은 반드시 챙긴다.

호텔 방에서, 라운지에서, 카페나 패밀리 레스토랑에서 노트를 펼쳐놓고 생각한다.

잠시 사고를 쉴 때는 소설책을 읽는다. 책은 일과 관련 없는 것으로 단 한 권의 소설만 넣어간다. 뇌의 긴장을 풀고 발상의 전환에도 도움을 준다.

이처럼 나는 2개월에 한 번은 혼자만의 시간을 가지려 한다.

물론 일부러 여행을 떠나지 않아도 혼자만의 시간을 보낼 수 있다. 내 친구는 매달 한 번 혼자 도쿄타워 전망대에 간다.

무심코 코앞만 바라보고 달려온 나날, 문득 정신을 차리고 보니 회사라는 작은 세상밖에 보지 못하고 있었다. 그래서 도쿄타워 전망대에 오른단다.

전망대에서 도쿄 시내를 한눈에 내려다본다. 얽히고설킨 도로, 그곳을 오가는 수많은 자동차와 사람들. 선로를 달리는 전철. 빽빽이 세워진 건물. 최근 건설된 멋진 건물. 공원의 녹음과 도시 속 학교. 그 너머로 보이는 도쿄 灣. 날씨가 화창한 날에는 멀리 후지산도 볼 수 있다.

발아래 펼쳐진 광경을 바라보며 '아, 나는 이런 세상에 살고 있구나', '내 회사는 작은 존재에 지나지 않구나'를 깨닫는다. 안달복달할 필요 없다며, 좀 더 마음 편히 살자며 자신을 위로하고 격려한다. 그렇게 회사나 자신의 인생에 대해 생각할 기회를 갖는 것이다.

혼자가 되어서 차분히 생각하는 시간을 갖기 위해서는 자신만의 친숙한 공간을 찾아야 한다.

또한 사전에 혼자가 되는 시간을 일정으로 잡아둔다. 최우선 사

항으로 미리 구체적으로 일정을 잡는 것이다. 나는 월초 그달의 일

정을 잡을 때 언제 혼자 여행을 떠날 것인지 미리 정해놓는다.

 혼자 보내는 시간은 상황을 전체적으로 볼 수 있는
최고의 기회다.

지금 당장 언제 혼자 있는 시간을 보낼 것인지 스케줄을

정해 일정표에 적는다.〈1분〉

## 부자들의 풍요로움을 낳는 씨앗 뿌리기 습관

**금요일 밤에는 약속을 잡지 않는다**

금요일 밤에는 만두를 사가지고 집에서 먹는다는 연예인이

자 기업가인 지인이 있다. 이것을 최우선 일정으로 잡고 회

식이나 모임이 있어도 할 일이 있다며 거절한다.

아무래도 금요일 밤에 술을 마시면 다음날 새벽까지 이어

지는 경우가 많다. 그렇게 되면 토요일을 제대로 보낼 수 없

어 시간이 아깝다는 것이다.

나도 그의 생각에 찬성한다. 술자리 약속은 평일에 잡으려

고 한다.

금요일 밤은 나만을 위한 시간으로 일정을 잡는다. 〈1분〉

**일주일에 하루는 자유롭게 지낸다**

나는 근무가 없는 월요일을 자유로운 날로 정해놓았다. 일정에 맞춰 사는 것이 목적이 되지 않도록 일부러 일정을 잡지 않고 지낸다.

내가 만난 부자들 중에는 전날 할 일을 모두 끝내고 쉬는 날에는 철저히 게으름을 피운다는 사람도 있었다. 이런 날도 때때로 있으면 좋다. 단지 나는 성격상 일단 게으름을 피우면 계속 게을러지기 때문에 기본적으로 쉬는 날에도 기상 시간은 평일과 똑같다. 아무리 할 일이 없다고 해도 생활 리듬이 흐트러지지 않도록 주의하고 있다.

다음 쉬는 날에는 일정을 잡지 않는다. 〈0초〉

# 부치지 않는 편지를 쓴다

왠지 상대의 태도와 말이 신경 쓰인다. 관계가 삐걱거린다. 주변 사람 중에 이런 사람이 한둘은 있다.

얼굴을 맞대고 싸울 수 있는 관계라면, 자신의 마음을 직접적으로 내보이고 상대의 변명을 듣는 것이 제일 빠른 관계회복의 방법일 것이다. 큰 다툼으로 번져도 도망치지 않고 끝까지 싸우면 서로의 관계가 더욱 돈독해지기도 한다.

그렇지만 얼굴을 맞대고 싸울 수 있는 사람만 있는 것은 아니다. 업무 관계자, 이웃사람, 자녀의 학교 관계자 같은 경우는 싸우면 결정적인 파국의 원인이 되어버리거나 그 싸움을 끌어안은 채 관계를 이어가지 않으면 안 된다.

얼굴을 맞대고 싸울 수도 없는 사람과 관계가 틀어졌을 때, 나는 그 사람에게 부치지 않는 편지를 쓴다. 실제로 우체통에는 넣지 않지만, 그 사람에게 편지를 쓰는 것이다.

상대가 읽지 않을 편지이기에 자신의 마음을 솔직하게 남김없이 적을 수 있다. 상대가 개선하길 바라는 점에 대한 지적부터 상대가 한 말에 대한 분노, 불만까지 조목조목 적는다. 마음에 들지 않는 점을 사소한 것도 빠뜨리지 말고 모두 적는다.

이렇게 편지를 쓰면 자신의 마음을 정리할 수 있다. 부글부글 끓

어오르던 분노의 원인이 사실은 상대가 아닌 자신에게 있었다는 것을 깨닫는 경우도 있다. 게다가 편지를 다 쓴 다음에 다시 한 번 읽어 보면 분노에 치를 떨고 있는 자신의 모습이 초라하게 느껴지거나 이미 상대를 용서했다는 사실을 깨닫기도 한다.

며칠 전에도 나는 누군가에게 부치지 않는 편지를 썼다. 내 마음을 모조리 적는 데 2시간이 꼬박 걸렸다. 분량은 일기장의 11쪽 분량이나 됐다. 덕분에 내 마음을 깔끔하게 정리할 수 있었고, 앞으로 내가 어떻게 행동하면 좋은지도 알 수 있었다.

부치지 않는 편지를 차분하게 쓰는 것은 자신과 느긋하게 대면하는 일이기도 한 것이다.

 부치지 않는 편지는 전하기 어려운 마음을 전해준다.
그 사람에게 부치지 않는 편지를 써보자. 〈20분〉


## '그냥'을 하지 않는다

일상생활에 '그냥'이 만연해 있다. 굉장히 먹고 싶은 것도 아니고 반드시 먹어야 하는 것도 아닌데 '그냥' 먹는 과자. 기필코 보고 싶은 것도 아닌데 '그냥' 보는 텔레비전. 특별히 궁금하지 않으면서 '그냥' 연신 클릭하는 인터넷 화면.

'그냥' 돈을 쓰는 경우도 적지 않다.

그냥 갖고 싶어서 산 옷. 값이 좀 싸면 그냥 사는 식료품. 그냥 편리할 것 같아서 사는 일용품.

이렇듯 '그냥' 산 물건이 당신의 집에도 많지 않을까?

나는 특별히 돈을 절약하는 문제에 대해서는 깊이 생각해본 적이 없다. 하지만 '그냥'을 없애는 것이 절약의 가장 효과적인 방법이 아닐까 생각한다.

텔레비전이나 신문, 인터넷의 광고는 물건을 구매하는 것이 지극히 당연한 듯 이야기한다.

주택의 경우 내 집을 장만해야 비로소 인생이 행복해진다는 착각을 불러일으키는 내용의 광고를 게재한다. '그냥' 사야만 할 것 같은 생각이 들도록 만들었다. 내 집 마련만으로 행복해지는 사람도 있을 테지만, 무소유의 자유로 더 큰 행복을 느끼는 사람도 있다. 사물에 대한 가치관은 사람마다 제각기 다른 것이다.

'그냥'을 멈추자는 것이다. 무언가를 살 때 그것이 정말 필요한지,

세상 일반적인 사고의 영향을 받은 것은 아닌지를 생각한다.

'그냥'을 없애는 것은 자신의 가치관을 찾는 작업이기도 하다. 일일이 진지하게 생각하는 것은 성가신 일일지도 모른다. 그렇지만 자신의 가치관이 서면 쓸데없는 낭비는 줄어든다. 신변에 필요없는 물건이 굴러다니는 것도 미연에 막을 수 있고, 풍요로움이라는 것이 무엇인지를 점차 깨달아간다.

 '그냥'을 멈추면 가치관이 선다.
가장 갖고 싶은 것이 안겨줄 장점과 단점을 생각해본다.
〈10분〉

## 부자들의 풍요로움을 낳는 씨앗 뿌리기 습관

### 텔레비전 안테나코드를 뽑는다
분명 좋은 TV 방송 프로그램도 많다. 그러나 텔레비전에는 귀중한 시간을 빼앗아가는 힘이 있다. 스위치를 켜면 하염없이 TV를 보게 되는 경향이 강하다.

자신의 시간을 소중히 보내기 위해서는 가급적 텔레비전을 보지 않기 위한 방법을 강구할 필요가 있다.

나는 평소 텔레비전의 안테나코드를 뽑아 놓는다. 우리 집에서 텔레비전을 보려면 안테나코드와 전원코드를 꼽고 전원 스위치를 켜는 절차를 거쳐야 한다. 지금 내가 이 성가신 과정을 거치면서까지 굳이 시청하는 방송 프로그램은 국제시합 정도다. 안테나코드를 뽑은 뒤부터 텔레비전을 보는 시간이 확실히 줄었다.

지금 당장 텔레비전 안테나코드를 뽑는다. 〈5초〉

## 이메일은 자동수신 설정을 하지 않는다

컴퓨터 메일소프트에는 몇 분마다 자동적으로 체크하는 기능이 있는데, 나는 이것을 사용하지 않는다. 업무 중 메일이 도착하고, 그때마다 집중력을 떨어뜨리기 때문이다. 메일이 도착했음을 알려오면 무심코 내용을 확인하고 싶어져 지금까지 해오던 일은 뒤로 밀리는 경우도 적지 않다.

이것이 싫어서 나는 메일은 반드시 주체적으로 체크한다. 메일 확인에 시간을 빼앗기지 않도록 한다.

컴퓨터 메일 설정을 바꾼다. 〈3분〉

**휴대전화 메일은 사용하지 않는다**

나는 기본적으로 휴대전화로 메일을 보내지 않는다. 아내와 연락할 때는 편리해서 이용하지만 그 외에는 일절 사용하지 않는다. 이유는 휴대전화 메일에 일일이 반응하는 것이 성가시기 때문이다. '휴대전화 메일주소를 알려주세요'라고 하면 나는 사용하지 않는다고 말한다.

굳이 휴대전화 메일까지 사용하지 않아도 컴퓨터 메일과 전화로 충분하다.

휴대전화는 시간을 단축시키는 편리한 도구라야 한다. 그러나 오히려 시간을 빼앗그 불편한 도구로 전락할 때도 많다.

오늘 단 하루만이라도 휴대전화를 집에 두고 나온다. 〈0초〉

# 07 | 작은 선물로
마음을 전하자

## 행운이 따르는 날에는 선물을 한다

어느 날 내가 개설한 NLP 코스 강좌를 신청한 수강생으로부터 이런 메일을 받았다.

'수강료를 □월 △일에 냈으면 합니다'

그날은 우리 학원이 설정한 최종 납기일보다 며칠 늦었지만, 흔쾌히 알았다고 했다. 그런데 그 이유가 의외였다.

□월 △일은 일립만배일一粒万倍日이라 꼭 이 날에 내고 싶다는 것이었다.

일립만배일? 익숙하지 않은 말에 사전을 찾았다.

알아보니 캘린더나 수첩에도 자주 표기되는 대안(大安:큰 길일)이나 우인(友引:무슨 일을 하든지 승부가 나지 않는 날)과 같은 육요(六曜:길흉일을 판단하는 기준이 되는 여섯 날) 보다 훨씬 오래 전부터 그날의 길흉을 판단하는 데 이용되는 '선일選日'이라 불리는 것이었다. 일립만배일은 바로 선일 중 하나로 월과 일의 십이지의 조합을 기본으로 한 것이다. '한 알의 볍씨가 만 배로 결실을 맺는' 길일로 새로운 일을 시작하는 데 더할 나위 없이 좋은 길일, 또는 돈을 지불하기 좋은 날이라고 한다.

일립만배일은 한 달에 몇 차례 있지만 언제인지는 해마다 다르다. 어느 날이 일립만배일에 해당하는지는 인터넷으로 간단히 알아볼 수 있다.

메일을 보낸 수강생은 일립만배일에 수강료를 지불하는 것이 주는 쪽도 받는 쪽도 좋을 것이라 생각했던 것이다.

일립만배일에는 누군가를 위해 돈을 쓰면 좋다.

나는 직원의 생일과 가까운 일립만배일에 그를 위해 복권을 사준다. 복권은 다른 사람을 위해 사면 좋다. 물론 적은 액수다. 어느 날은 스크래치 복권을 600엔 어치 사주었는데 2,000엔이 당첨됐다.

일립만배일 같은 것은 미신이라 일축해버리는 사람도 있을 것이다. 나도 절대적으로 믿는 것은 아니다. 하지만 좋은 일이 있을지도 모른다는 설렘을 즐길 수는 있다.

믿기지 않더라도 두근두근 즐겁게 행동으로 옮겨보자. 그것은 선물 받는 상대에 대한, 그리고 이런 사고방식을 생활에 활용해온 선인들에 대해 존경을 표하는 행위이기도 하다.

 하나의 볍씨는 만 배가 될 가능성을 감추고 있다.

다음번 일립만배일이 언제인지 인터넷으로 조사해본다.

〈1분〉

## 즐거웠을 때의 사진을 선물한다

사진을 받으면 매우 기쁘다.

손으로 정성껏 쓴 편지나 엽서를 집배원을 통해 받았을 때의 기쁨과 같다. '좀 드셔 보시라고 가져왔어요' 라며 건네는 손수 만든 요리를 받았을 때처럼 기쁘다.

디지털 카메라가 흔해지고, 휴대전화에 달린 카메라 성능이 점점

150

좋아져 누구나 손쉽게 카메라를 들고 다니게 됐다. 언제 어디서든 간단히 사진을 찍고, 촬영한 데이터는 메일로 간단히 보낼 수 있게 됐다. 예전처럼 사진을 인원스대로 인화해 나눠주는 일도 줄었다.

그런데 일부러 인화지에 출력해 건네는 사람이 있다. 시간을 쪼개 사진관에 가서 혹은 집에 있는 프린트로 뽑아 일일이 비닐봉투에 넣어준다. 편지와 함께 보내주거나 만났을 때 직접 건넨다.

그 하나하나의 행동이 너무도 기쁘다.

간단해 보이지만 의외로 수고스럽다는 것을 잘 알기 때문이다. '기쁘게 해주고 싶다'는 마음이 없으면 좀처럼 할 수 없는 일이라는 것을 잘 알기 때문이다.


나는 항상 가방에 디지털 카메라를 넣고 다닌다. 외출한 곳에서 마음에 드는 것을 발견했을 대나 누군가와 만났을 때에 사진을 찍는다. 누군가와 찍은 사진, 특히 여행지에서 찍은 사진은 가능한 한 그 사람에게 보내주려고 한다.

터키 지중해 연안의 도시 안탈리아를 방문했을 때, 그곳 아이들과 함께 사진을 찍었다. 5,6살 된 어린 아이들은 사진을 찍은 경험이 거의 없어 내가 카메라를 들이대자 크게 기뻐하며 서로 찍히려고 했다. 일본으로 돌아와서 현상해보니 7,8명의 개구쟁이가 함박웃음을 짓고 있었다. 그들에게도 이 사진을 보내주고 싶었다. 하지만 그들의 주소를 몰랐다. 앞으로 언젠가 안탈리아에 가면 그들에게 그 사진을 건네야겠다고 생각했다.

그로부터 얼마 뒤에 회사 선배가 안탈리아 방면으로 여행 간다는 것을 알았다. 선배에게 그 사진을 주면서 '안탈리아 근방에 이 아이들이 살고 있을 테니 혹시 가서 만나게 되면 건네주라'고 부탁했다.

주소도 이름도 몰랐지만 고맙게도 선배는 아이들을 찾아내 무사히 사진을 건네주었다고 했다.


지금도 여행지에서 신세진 사람들과 함께 찍은 사진은 아내가 답례편지와 함께 보내고 있다. 수강생과 찍은 사진은 응원 메시지를 덧붙여 보내기도 한다.

사진은 내게 있어 멋진 커뮤니케이션 도구 중 하나다.

 건네는 사진의 수만큼 웃는 얼굴과 만난다.
항상 가지고 다니는 가방에 카메라를 넣어둔다. 〈1분〉

# 부자들의 풍요로움을 낳는 씨앗 뿌리기 습관

### 한 달에 한 번 꽃을 산다

오랜만에 거래처를 방문할 때, 여자 친구를 만날 때, 집 안 분위기를 밝게 바꾸고 싶을 때, 나는 꽃을 산다. 꽃은 그곳의 분위기와 보는 사람의 마음을 치유한다. 오래도록 남는 것이 아니기 때문에 상대에게도 부담되지 않는 선물이다. 생활필수품이 아니기에 그 존재만으로도 풍요로움이 느껴진다.

오늘 집으로 돌아가는 길에 꽃가게에 들린다. 〈5분〉

### 2개월에 한 번은 부모님을 찾아뵙는다

일상생활에 쫓기다보면 떨어져 살고 있는 가족을 잊고 지낸다. 설령 생각한다고 해도 찾아뵙는 것은 쉽지 않다. 그래서 나는 2개월에 한 번은 부모님을 찾아뵙는 규칙을 정해두었다. 시간이 생기면 가는 것이 아니라 아무리 바빠도 본가에 가는 날을 일정으로 잡아둔 것이다.

본가가 먼 사람은 활기찬 목소리로 통화하는 것도 좋다. 부모님이 틀림없이 기뻐하실 것이다.

오늘밤 부모님께 안부전화를 한다. 〈5분〉

**가족의 생일에는 선물을 준다**

가족의 생일이나 기념일은 사랑과 감사의 마음을 전할 좋은 기회다. 가족에게 고맙다고 말하기 어색하지만, 기념일이라면 말하기도 수월하다. '생일 축하한다! 그리고 늘 고맙다! 올해도 건강하고 즐겁게 지내라'고 쓴 카드를 건넨다.

최근 나는 부모님께는 돈을 선물하고 있다. 부모님은 갖고 싶은 것을 물어도 좀처럼 대답하지 않거나 특별히 없다고 말한다. 그래서 원하는 것을 직접 사시라고 돈을 선물한다. 얼마 뒤 '그 돈으로 아버지랑 같이 온천에 다녀왔다', '전자사전을 샀다'는 등의 말을 들으면 정말 기쁘다.

수첩에 가족의 생일을 적는다. 〈1분〉

## 누군가에게 작은 선물을 보낸다

파울로 코엘료의 《연금술사》, 계절이 느껴지는 미니 부케, 늘 가지고 다니는 수저 등.

오랜만에 친구와 만났을 때 선물하기 위해 나는 이런 것들을 미리 준비한다. 고가의 것도 아니고 유명한 가게에서 구입한 특별한 것은 아니지만, 나의 개성이 느껴지는 작은 것들을 산다.

나 자신이 사람들로부터 작은 선물을 받았을때 마음이 따스했기 때문이다. 가능하면 나도 그런 마음을 나눠주고 싶다.

최근 받은 작은 선물로 체리 맛 차가 있다. 일반 차와 다를 것이 없는 차이지만 체리 향이 난다. 선물을 받고 회사 직원들과 함께 귀한 향기와 맛의 조화를 즐겼다.


작은 선물이 반드시 물건일 필요는 없다.

내게는 매월 한 번 정기적으로 만나는 멘토가 있는데, 그는 내 사무실에 올 때마다 무언가 선물을 준비한다. 그가 자주 가져오는 것은 '나만을 위한 정보'다.

내가 책을 출판한 직후라면, 내 사무실에 오기 전에 대형 서점에 들러 내 책의 판매상황을 확인한다.

"기노쿠니아 서점은 상당량이 빠졌더군."

"준쿠도는 POP가 눈에 띄어 좋았어."

일부러 서점에 들러서 내 책이 진열된 곳을 찾아보고 상황을 알려주는 것, 내게는 더할 나위 없는 최고의 선물이다.

　이렇게 나를 위해 시간과 노고와 비용을 아끼지 않는 마음이 너무도 고맙고 기뻐 나도 누군가를 위해 그러고 싶다.

　외출한 곳이나 여행지에서 작은 선물이 될 물건을 발견하면 한꺼번에 사둔다. 누군가에게 기쁨을 줄 선물로 활용하기 위해서다.

 남을 위해 들이는 시간과 노고, 돈을 아끼지 않는다.
마음에 드는 작은 물건을 발견하면 누군가를 위해 하나 더
사둔다. 〈5분〉

## 부자들의 풍요로움을 낳는 씨앗 뿌리기 습관

### 축하선물은 기분 좋게 쏜다

결혼축하, 출산축하, 개업선물에는 돈을 아끼지 않는다. 축하하기 위한 선물은 기분 좋게 넉넉하게 쏜다. 최선을 다해 축하선물을 보내면 상대도 행복해 한다. 그 행복은 틀림없이 내게로 돌아온다.

누군가를 축하할 때는 최선을 다해 선물을 준비한다. 〈0초〉

156

**복권은 남을 위해 산다**

복권은 다른 사람을 위해 사야 한다는 말을 들은 후 나는 '이 복권은 ○○ 씨를 위해 산다'고 선언한 뒤에 구매한다. 나를 제외하면 가족이든 그 어떤 사람이라도 좋다. 당첨되면 80 퍼센트는 다른 사람을 위해 쓰겠다는 자기 나름의 규칙을 정한 뒤에 사는 것도 좋다

복권이 꽝이 되었을 때는 '이것으로 액땜했다'고 생각한다. 그러면 꽝이 됐다고 해도 후회가 없다.

오늘 그 사람을 위해 복권판매소에 들른다. 〈5분〉

## 단골가게 점원의 이름을 기억한다

풍요로운 인간관계는 풍요로운 생활과 인생으로 이어진다. 나는 어떤 작은 인간관계라도 소중히 여긴다.

나는 자주 가는 레스토랑이나 카페에서 일하는 점원의 이름을 기억해둔다. 그리고 그에게 말을 걸 때는 그 사람의 이름을 부른다.

"○○ 씨, 물 좀 주세요."

몇 번 다녀서 점원과 안면을 익히고 앞으로도 계속 올 가게라면

점원에게 "나는 미야케라고 합니다. 성함을 물어도 될까요?"라고 말을 건넨다. 처음 간 가게에서 낯선 사람이 이러면 수상하게 생각할지 모르지만 몇 번 오가며 얼굴을 익힌 터라 대개는 기분 좋게 가르쳐 준다.

그 뒤에 그 가게에 가면 그 점원이 "미야케 씨, 안녕하세요." 인사를 건넨다. 나는 "○○ 씨, 안녕하세요." 대답한다. 점포 대 개인이던 관계가 개인 대 개인이 되는 것이다. 점원 대 고객이던 관계가 '○○ 씨' 대 '미야케'가 된다. 관계가 한 단계 깊어지는 것이다.

점원 대 고객보다 ○○ 씨 대 미야케의 관계가 훨씬 기분 좋다. 이왕 같은 시간을 보낼 바에는 서로 기분 좋게 지내는 편이 좋다.


어느 날 여름 우리 부부는 헝가리로 여행 가서 헝가리 인 친구 집에 묵었다. 이 친구는 우리 부부가 몇 년 전 마크로비오틱을 공부하기 위해 미국으로 유학 갔을 때 만나 의기투합한 친구다. 마흔이 된 그녀는 재혼한 남편과 사는 집에 우리를 초대했다. 그곳에서 우리는 정원에 있는 벚나무에 올라 버찌를 따고 부부가 기르는 애완견과 장난치고 그 친구 친척과 바비큐 파티를 하면서 정말 느긋하게 시간을 보냈다. 관광객으로 방문했다면 맛보지 못했을 풍요로운 시간을 그녀는 우리 부부에게 선물했다.

이렇듯 사람과의 관계가 풍요로운 시간을 가져다주기도 한다.

또 곤란할 때나 힘들 때 자신에게 힘을 주는 것은 사람들의 마음이다. 어떤 큰돈보다 '괜찮을 거야'라는 따스한 말 한 마디에 구원받는 느낌이다.

결국 풍요로운 생활과 인생이라는 것은 얼마나 풍요로운 인간관계를 구축하는가에 달려 있다고 말해도 과언이 아니다.

가족, 친구, 업무와도 깊은 연관성이 있다. 이웃사람, 단골가게 점원, 버스나 택시 운전기사처럼 한정된 공간의 일시적인 인간관계까지도 소중히 여긴다. 가능하다면 서로가 기분 좋은 관계를 갖도록 한다. 이런 노력이 풍요로운 생활, 풍요로운 인생으로 이어진다.

 풍요로운 인간관계는 자신의 풍요로운 인생이 된다.
자주 가는 식당의 점원에게 이름을 물어본다. 〈10초〉


## 일상 대화에서도 상대의 이름을 부른다

일상적인 대화에서도 친근하게 이름을 불러주는 사람이 있다.

보통 책에 대해 이야기할 때 "요즘 무슨 재미있는 책을 읽으셨나요?"라고 말하는 반면 그는 "미야케 씨, 요즘 무슨 재미있는 책을 읽으셨나요?"라고 말한다.

굳이 이름을 말하지 않아도 내게 하는 말이라는 것을 잘 알고 있다. 그런데 그는 이름을 불러준다. 이름이 불리면 나만을 상대로 이야기한다, 나를 받아들인다, 나의 존재를 인정한다는 느낌이 전해져 기쁘다.

이름이 불리면 상대와의 거리가 한 걸음 더 가깝게 느껴진다.

대화 속에 자연스럽게 상대의 이름을 넣는다. 간단한 일이지만, 상대를 존중하고 배려하는 마음이 있기에 가능한 일이다. 어떤 때라도 어떤 상대라도 그와의 관계를 소홀히 하지 않고 따스한 자세로 서로를 존중한다.

그런 까닭에 나도 상대의 이름을 소중히 생각한다. 얼굴을 맞대고 일대일로 대화를 나눌 때나 세미나에서 다수를 상대로 이야기할 때도 가능한 상대의 이름을 부르려고 한다. "요즘 어떻게 지내세요?"라고 가볍게 인사를 나눌 때에도 "○○ 씨, 요즘 어떻게 지내세요?"라고 말한다. 질문할 때에도 "△△에 대해 어떻게 생각하십니까?"가 아니라 "○○ 씨, △△에 대해서 어떻게 생각하십니까?"라고 말한다.

이름을 부를 것인가 말 것인가, 그 약간의 차이가 서로의 마음을 한결 따스하게 만들어주고 관계를 돈독하게 해준다.

 이름을 부르는 것은 상대에 대한 존경의 첫걸음이다.
내일 처음 만난 동료에게 이름을 부르고 인사한다.〈3초〉

## 부자들의 풍요로움을 낳는 씨앗 뿌리기 습관

**메일 첫머리에 상대의 이름을 넣는다**

첫머리에 느닷없이 '안녕하세요' 보다 '미야케 씨, 안녕하세요'라고 써서 보낸 메일을 보면 훨씬 기쁘다. '건강하세요?'보다 '히로유키 씨 건강하세요?'라고 안부를 묻는 편이 좀 더 나를 생각해주는 것 같아서 좋다.

처음에 이름을 넣고 안 넣고 하는 작은 차이가 받는 사람에게는 완전히 다른 인상을 안겨준다.

특히 휴대전화의 메일은 이름을 생략하는 경향이 많이 있는데, 일부러 넣도록 한다. 그것만으로도 인상적인 메일을 보낼 수 있다.

친구에게 보내는 메일 첫머리에 상대 이름을 넣는다.〈1분〉

## 정기적으로 부부 미팅 시간을 갖는다

우리 집은 2, 3개월에 한 번 부부 미팅 시간을 갖는다. 노트를 펼쳐놓고 카페나 호텔 라운지에서 앞으로 일에 대해 찬찬히 대화를 나눈다. 부부라도 의외로 평소에 진지하게 이야기 나눌 기회가 없다. 그래서 일부러 시간을 마련한다. 부부 미팅 시간은 가족의 비전으로 노트에 적기로 정했다. 늘 공통의 목적의식을 갖게 되어 실현 가능성도 높아진다.

'부부 미팅' 용 노트를 한 권 장만한다. 〈3분〉

## 가족 간의 스킨십을 소중히 생각한다

나는 존경할 만한 멋진 사람과 만나면 악수를 청한다. 그것이 어려울 때는 그 사람의 1미터 내에 들어가려고 노력한다. 그 사람과 접촉하면 반드시 전해지는 것이 있기 때문이다. 말로는 전해지지 않는 그 사람이 가진 온도, 에너지를 느낄 수 있다.

가족도 마찬가지다. 가족과 살을 맞대면 그것만으로 무엇인가가 느껴진다. 가족의 온기, 따스함은 활기를 준다. 따라서 나는 가족 간의 스킨십을 중요하게 생각한다.

내가 취재했던 부자들 중에 '결혼한 지 20년이 넘도록 매일 아침 거르지 않고 현관에서 아내와 입을 맞추고 있다'고 말한 50대가 있는데, 정말 멋진 부부의 모습에 감격했다.

가족과 걸을 때 손을 잡는다. 〈5초〉

# 08 | 감사의 힘으로 풍요로운 마음을 순환시켜라

## 우표와 엽서를 가지고 다닌다

인사나 감사의 마음은 메일이 아니라 가능한 편지나 엽서로 전하고 있다. 주로 메일이 이용되는 시대이기에 손으로 쓴 편지나 엽서가 소중하다.

이유는 간단하다. 손으로 쓴 편지나 엽서는 받는 사람을 기쁘게 하기 때문이다. 메일보다 상대의 마음이 따스하게 전해지는 것 같아서다. 전화는 상대의 시간을 무리해 빼앗기도 하지만 편지는 그럴 걱정이 없다.

선물에 대한 답례편지. 저녁 식사에 초대받았던 친구가 '맛있게 잘 먹었고 즐거웠어. 고마워!'라고 써 보낸 엽서. 처음 만난 업무 관계자가 '일부러 시간을 내주서서 고마웠습니다'라고 쓴 편지.

그 사람의 필적 너머로 그 사람의 얼굴과 훈훈한 표정이 보이는 듯해 편지를 받으면 기쁘다. 나도 적어도 고마움의 인사만이라도 직접 쓴 편지나 엽서로 전하고 있다.

그런데 감사인사는 속도가 생명이다. 아무리 정성을 기울여도 시간이 지체되면 가치가 떨어진다.

선물을 받으면 감사편지는 그날 써서 그날 우체통에 넣는다. 식사 대접을 받고 돌아오는 전철 안에서 감사의 엽서를 쓰고 집에 들어가기 전에 우체통에 넣는다. 늦어도 그날 밤에는 써서 다음날 우체통에 넣는 것이 좋다. 그 정도의 속도감이 가장 좋다.

감사의 편지를 빨리 보내기 위해서는 엽서나 우표를 항상 가지고 다니면 편리하다. 특히 그림엽서는 쓰는 공간이 작아 부담 없다. 나는 문방구에서 마음에 드는 그림엽서를 발견하면 사서 우표와 함께 늘 가방에 넣어둔다. 이렇게 하면 약간 틈이 나는 시간을 이용하여 답례엽서를 쓸 수 있다.

 감사의 마음은 신선도가 생명이다.
우체국에 가서 기념우표와 엽서를 산다.〈5분〉

# 편의점 점원의 얼굴을 보고 '고맙습니다'

누군가 친절을 베풀면 나는 그 사람의 얼굴을 보고 '고맙습니다'라고 말한다.

유학차 뉴욕에서 2년간 지낸 적이 있다. 이때 미국 문화 중에서 훌륭하다고 생각한 것이 하나 있는데, 낯선 사람끼리 가볍게 인사를 나눈다는 것이다.

슈퍼마켓의 계산대에서 고객은 "Here you are 자, 여기요"라며 돈을 지불하고, 점원이 "Thank you 고맙습니다" 말하며 물건을 받는다. 그리고 "Have a nice day 좋은 하루 보내세요"라고 점원이 인사하면 고객은 "Thank you, you too! 고맙습니다. 당신도요"라고 대답한다.

이런 가볍게 주고받는 대화가 나는 너무 좋았다. 그래서 나는 일본에서도 서비스를 받으면 반드시 고맙습니다라고 말한다.

버스나 택시에서 내릴 때는 운전사에게 고맙습니다. 편의점 계산대에서 잔돈을 건네 받을 때는 점원에게 고맙습니다. 레스토랑에서 맛있는 요리를 먹었을 때는 셰프에게 맛있었습니다, 고맙습니다. 여관에서 나올 때에는 주인이나 종업원에게 신세 많았습니다. 고맙습니다.

택시로 목적지에 무사히 도착한 것은 운전사 덕분이다. 편의점에서 손쉽게 필요한 물건을 살 수 있었던 것은 점원 덕분이다. 레스토랑에서 맛있는 요리를 먹을 수 있었던 것은 셰프 덕분이다. 여관에서 편히 쉴 수 있었던 것은 주인과 종업원들 덕분이다.

우리는 늘 누군가의 '덕'에 살아가고 있다. 고마운 일이다.

'고맙습니다'는 듣는 쪽도 기분 좋지만 말하는 사람이 더 기분이 좋다. 소리 내 말하는 것이 쑥스러운 사람은 먼저 가볍게 목례하는 것부터 시작해도 좋다. 마음속 깊이 '고맙습니다'라고 말하면서.

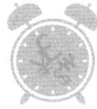 '고맙습니다'라는 말은 듣는 사람보다 말하는 사람이 몇 배는 기분이 좋다.

잔돈을 건네받을 때에 시선을 마주치고 '고맙습니다'라고 말한다. ⟨3초⟩

## '죄송합니다'보다 '고맙습니다'를 애용하라

언어는 말과 신체에 큰 영향을 미친다.

'날씨가 춥습니다. 감기에 걸리지 않도록 조심하세요.'

편지나 메일에서 자주 이런 문장으로 마무리 짓는 것을 볼 수 있다. 상대방을 위하는 마음, 따뜻한 말 중에 하나다.

그러나 사실은 뇌와 언어의 관계라는 측면에서 생각하면 이 문장은 바람직하다고 말할 수 없다. 사람의 뇌는 언어에 민감하게 반응하기 때문이다.

'감기에 걸리지 않도록'이라는 말을 들으면 당신은 먼저 어떤 이미지가 떠오르는가.

아마도 이미 감기에 걸린 상태를 떠올릴 것이다.

'감기에 걸리지 않도록'이라는 말을 들으면 뇌는 감기에 걸린 상태를 이미지한다. 감기에 걸리지 않는 생기발랄한 상태를 떠올리기는 힘들다. 왜냐하면 잠재의식은 기본적으로 부정형을 인식하지 못하기 때문이다.

잠재의식에 어떤 이미지가 들어가게 되면 그것은 흔히 현실이 되어 버린다. 감기에 걸리지 않도록 조심하는 사람이 감기에 걸리는 것은 그 때문이다. 결국 '감기에 걸리지 않도록'이라는 말이 오히려 상대를 감기에 걸리게 만들고 만다.

이처럼 우리가 생각하는 이상으로 언어가 뇌와 신체에 미치는 영향은 크다. 그래서 나는 평소 언어 사용에 주의를 기울이고 있다.

그 한 가지가 가급적 '죄송합니다'라는 말을 사용하지 않는 것이다. '죄송합니다'라는 말은 의외로 편리해 사죄의 의미로도 사용되지만 인사말로도 사용할 수 있다. 나이가 위인 사람에게도 낯선 사람에게도 사용할 수 있다.

그러나 '죄송하다'라는 말은 마음에 짐을 지운다. 인사말로 사용해도, 사죄의 의미로 사용해도 죄송하다는 말에는 어딘가 죄의식을 끌어안고 있어 듣는 사람도 부담스러운 부분이 있다.

나는 가능한 '죄송하다'보다는 '고맙다', '실례했다', '미안하다'는 말로 대신하려고 노력한다.

 모든 말에는 혼이 담겨있다.
일주일간 자신에게 '죄송합니다' 금지령을 내린다. 〈0초〉


## '수고하셨습니다'에 이어 '고맙습니다'를

'죄송하다'는 말과 함께 가능한 사용하지 않으려는 말은 '수고하셨습니다'라는 말이다.

회사동료나 선배가 '오늘은 먼저 갈게'라며 퇴근하는 그들에게 보통 '수고하셨습니다'라고 말한다. 미팅이 끝났을 때 '수고하셨습니다', 사무실 복도에서 지나칠 때 인사 대신 가볍게 '수고하세요'라고 한다. 상대를 마음 써주는 좋은 말이지만, 역시 여기서도 언어의 힘을 무시할 수 없다. '수고한다'는 말은 상대에게 지친 이미지를 선사하고 실제 이상으로 피곤하게 만든다. 실제는 그리 지치지 않았지만 수고했다는 말을 들으면 실제로 지치는 경우도 있다.

나는 대학을 졸업한 뒤에 잠시 교육 관련 출판사에서 근무한 적이 있다. 이때 사무실에서 수고했다는 말을 없애기 위해서 혼자 수고했다는 말 안 하기 운동을 벌였다. 거창하게 들리지만 단순히 나 혼자 다른 직원들에게 수고했다는 말을 하지 않을 뿐이다. 대신에 안녕, 내일 보자는 정도의 말을 했다. 그렇지만 사무실에서는 제대로 실천할 수 없었다. 수고했다는 말이 본래 가지고 있는 상대를 치하하고 위로하는 의미는 남기고 지쳤다는 느낌을 걷어버린 말이 달리 없었기 때문이다.

지금 나는 회사를 경영하는 입장이지만 역시 수고했다는 말 대신에 뭔가 좋은 말이 없을까 찾고 있다. 회사직원들도 적절한 다른 표현의 말을 찾기 위해 때때로 이야기를 나누고 있다. 그래도 역시 찾을 수 없었다.

대안으로 생각한 것이 수고했다는 말 뒤에 고맙다는 말을 붙이는 것이다.

오늘도 열심히 일해주어 고맙다, 사무실을 밝은 분위기로 만들어주어 고맙다, 나 나름으로 직원에 대한 감사의 마음을 담아 말한다.

비록 수고했다고 말해도 고맙다는 말이 갖는 힘이 피로를 완화해준다. 게다가 사람은 마지막에 들은 말을 기억하는 습성이 있다.

수고했다보다 고맙다로 하루의 업무를 끝내는 편이 직원들은 훨씬 기분이 좋을 것이다.

 사람은 마지막에 들은 말이 가장 마음에 남는다.
인사한 뒤에 고맙다는 말을 덧붙인다. 〈1초〉

## 부자들의 풍요로움을 낳는 씨앗 뿌리기 습관

### 사무실 청소는 함께
우리 회사는 매주 화요일에 직원 전원이 사무실을 청소한다. 매월 청소 담당구역도 달라진다. 지난달에 내가 맡았던 곳은 화이트보드, 창틀, 현관, 테이블이었다.

청소에는 두 가지 목적이 있다. 하나는 자신감을 가지고 고객과 수강생을 맞이하기 위해서고, 또 다른 하나는 일하는 사무실에 대한 고마움을 표하기 위해서다. 같은 환경에 있는 동료와 함께 청소한다는 것은 서로의 몸과 마음을 강하게 연결하는 행위이기도 하다.

같은 의미에서 집 청소도 가족 모두가 한다.

다음 주말은 가족 모두가 집 청소를 한다. 〈1시간〉

## '고맙습니다'라는 말에 마음을 담는다

어느 날 회사 여직원 한 사람이 불현듯 '훌륭한 사람일수록 고맙다는 말에 성심을 다한다'라고 말했다. 영어회화 강좌를 마치고 수강생들이 돌아간 뒤였다.

수강생 중에 몇 사람이 마음을 담아 고맙다고 말하고 돌아갔다는 것이다. 시선을 마주치고 마음을 담아 똑똑히 '고맙습니다'라고 인사를 했다고 한다.

172

그런 사람들의 공통점은 일이나 가정에 자긍심을 가지고 공부에도 의욕적으로 힘을 쏟는다는 것이다.

분명 그럴지도 모른다. 내가 존경해마지않는 친구들이 '고맙다'고 말하는 모습이 연신 머릿속에 떠올랐다.


그 여직원은 사실 훨씬 전부터 고맙다고 말할 때의 태도가 마음에 걸렸다고 한다.

그녀는 예전 직장에서 대기업의 임원들을 대상으로 강연 프로그램을 진행하는 일이 많았다고 한다. 강연 당일 강연자를 응대하는 일도 그녀의 업무다.

강연자가 단상에 으르는 것을 지켜보면서 반드시 '잘 부탁드립니다'라고 인사를 한다. 이때 그 인사를 받아 뒤돌아서 꾸벅 고개를 숙이며 '잘 알겠습니다. 고맙습니다'라며 웃는 얼굴로 대답해 주는 강연자가 적지 않았다는 것이다.

당시 그녀는 20대 중반. 한편 강연자 대부분은 5, 60대 연륜 있는 베테랑이다. 수많은 직원 중 한 명에 지나지 않은 아직 풋내기 사원에게 성심으로 고맙다고 말하는 사람이 있다는 데 그녀는 매우 감격했다. 그리고 그런 분이 들려주는 강연 내용은 역시 훌륭했다.

이 이야기를 듣고 등골이 오싹했다. 나는 성심을 다해 고맙다는 말을 해왔을까? 듣는 사람의 마음 깊이 와 닿게 마음을 담아 '고맙다'는 말을 했을까?

그 이후 나는 마음을 담아 '고맙다'는 말을 하려고 한다.

 성심을 다해 '고맙다'고 말하면 마음속에 겸허함이 생긴다.
화장실 거울 앞에서 웃는 얼굴로 '고맙습니다' 말한다.
〈5초〉


## 감사의 마음을 글로 남긴다

내 수첩에는 오늘의 감사 칸이 있다.

그날 있었던 고마운 일이나 만남을 적는 칸으로 보통 다음날 적는다. 그날 하루 스케줄을 체크하면서 어제의 고마움을 떠올린다.

어느 날의 오늘의 감사 칸에는 다음과 같이 적혀 있다.

● 10년 만에 제자 T 군과 재회!

● T 군과 점심으로 먹은 메밀국수는 최고였다!

● 직원들과 충실한 회의를 했다.

174

● 직원 S 씨, 수강생들에게 나눠줄 도시락을 갖다 주었다.


2,3개일 때도 있지만 5,6개가 될 때도 있다. 적는 데 걸리는 시간은 불과 1분. 곰곰이 생각하지 말고 문득 떠오른 것을 적는다.

이 습관의 이점은 당연하게 생각되는 것들이 사실은 그렇지 않다는 것을 깨우쳐준다.

회사는 직원들이 매일 건강하게 그리고 성실하게 일해주기에 모든 업무가 순조롭게 진행된다. 그렇지만 경영자는 이 사실을 잊고 만다. 직원이 일하는 것은 당연하다고 생각한다.

'오늘의 감사' 칸은 그것이 결코 당연하지 않다는 사실을 깨닫게 해준다.

또한 수첩에 '쓰기'를 통해 고마움이 확실한 행동으로 나타나게 한다. 애매한 감사가 구체적인 형태로 남는다. 고마움을 실감하고 기억에도 쉽게 남는다.

그래도 사람이라는 것은 망각의 동물이다. 나는 때때로 오늘의 감사 칸만 다시 읽을 때가 있는데, '아, 이런 고마운 일도 있었지.' 이미 당연해진 일에 대해 다시금 고마움을 실감한다.

내 수첩은 직접 만든 것이라 레이아웃을 자유롭게 정할 수 있는데, 반드시 오늘의 감사를 기입할 공간을 미리 만든다.

 이미 익숙한 풍경도 의식해 다시 보면 아름다움을
새삼스레 깨닫는다.

남들이 매일 해주는 일에 대해 감사한다. 〈5초〉

# 부자들의 풍요로움을 낳는 씨앗 뿌리기 습관

**누군가와 멋진 시간을 보냈다면 감사메일을 보낸다**

새로운 친구나 가족처럼 굳이 편지나 엽서를 보내지 않아
도 되는 사람에게는 메일로 인사를 전한다. 메일도 감사인
사와 마찬가지로 속도가 중요하다. 함께 즐거운 시간을 보
내고 헤어졌다면 늦어도 다음날 아침에는 감사의 메일을
보낸다. 나는 기본적으로 휴대전화의 메일을 사용하지 않
지만, 휴대전화의 메일 기능을 사용하는 사람이 돌아가는
길에 '오늘은 매우 즐거웠어요. 고마워요!'라는 메일을 받는
다면 틀림없이 기쁠 것이다.

다음번에 친구와 만나고 헤어진 뒤에 돌아가면서 감사메일을
보낸다. 〈5분〉

# 마음속으로 '고맙다'는 말을 되뇌며 잠든다

하루가 끝날 무렵 오늘은 모든 일이 순조로웠다고 생각되는 날이 있는가 하면, 운이 따르지 않는 하루였다며 우울한 날도 있다.

나는 어떤 날이라도 하루가 끝날 무렵에는 감사의 마음으로 보내고 싶다.

그래서 내가 하는 습관이 '잠자기 전의 감사의식'이다.

침대에 들어가 잠이 들기 전에 그날 하루 일어난 일, 만났던 사람들을 회상하고 감사의 마음을 갖는 것이다.


가족과 함께 둘러앉아 먹던 아침 식탁의 풍경, 회사까지 자전거를 달리던 상쾌한 출근길, 활기차게 출근한 직원들의 얼굴, 순조롭게 진행된 고객과의 교섭……, 그 날의 흐름을 영상으로 떠올리고 마음속에서 '고맙다'고 말한다.

물론 그날 좋은 일만 있었던 것은 아닐 것이다. 화나고 분했던 일, 난처했던 일도 있었다. 그래도 그 사건 중에서 감사할 일을 찾는다.

가령 누군가 자신의 결점을 지적해서 울컥 화가 치밀었다. 그때는 상대에게 화가 나서 '그런 심한 말을 하다니 너무해', '자기도 그런 말을 할 처지가 아니면서'라고 생각했을지도 모른다. 그래도 잠

**177**

자기 전에는 그 일의 긍정적인 면을 찾는다.

'지금까지 자각하지 못한 결점을 깨우쳐주었다, 날카로운 지적에 고맙다'라고.

대개의 일에는 고마움의 씨앗이 어딘가에 숨어 있다. 그 씨앗을 잠자기 전에 파내는 것이다.

잠자기 전의 감사의식은 세상에 당연시되는 일은 없다는 것을 새삼스럽게 깨닫게 해준다. 그것은 결국 지금 행복을 느끼는 일이기도 하다.

감사하며 산다는 것은 행복하게 살아가는 것이라 나는 믿는다.

 어떤 일이라도 '감사'의 씨앗은 숨어 있다.

오늘밤은 마음속에서 '고맙습니다' 하고 말하면서 잠든다.

〈10초〉

# 09 | 언제나 타인을 위할 기회를 찾아라

## 외국인에게 'May I help you?'

지도를 한손에 들고 지하철 노선도 앞에 서 있는 외국인을 보면 나는 'May I help you?' 하고 말을 건넨다.

살아 있는 영어를 공부하는 기회이기도 하지만, 잘하면 회사직원 으로 헤드헌팅할 마음도 있고, 과거 여행지에서 나를 도와준 친구 들에게 은혜를 갚는 마음도 있다.

나는 지금까지 30개국이 넘는 나라를 여행했다. 중국과 미국으로 유학한 경험도 있다. 그때 나는 이루 다 말할 수 없을 만큼 수많은 사람들의 도움을 받았다.

혼자 실크로드를 여행할 때 장거리 열차 안에서 갑자기 복통이 일었다. 하지만 약이 없어 그저 견딜 수밖에 없었다. 웅크리고 앉아 얼굴을 찡그리고 식은땀을 뻘뻘 흘리며 신음하고 있었다.

주위 사람들이 알아차리고 괜찮은지 말을 걸어왔다. 복통에 좋다며 생강차를 마시게도 했다.

외국에서 혼자 여행하는 것은 기본적으로 고독하다. 체력이 무너지면 그 고독이 한층 더하다. 그럴 때 누군가 내민 한 잔의 생강차와 괜찮은지 묻는 말은 내 몸과 마음에 따스하게 사무쳤다. 생강차가 복통을 완전히 가라앉혀주지는 못했지만.

내가 외국인에게 말을 건네는 것은 그런 그들의 고독을 잘 알기 때문이기도 하다. 그리고 내가 과거 여행지에서 받았던 '따스한 친절'을 다른 누군가에게 갚고 싶은 마음도 있다.

지도를 든 외국인에게 'May I help you?' 하고 말을 건네는 습관을 가지면 다른 사람이 도움을 필요로 할 때 즉시 도울 수 있다는 이점이 있다.

당신은 전철 안에서 갑자기 사람이 쓰러지거나 교통사고 현장을 목격한 경험이 있는가?

일이 벌어진 순간 온몸이 얼어붙는 듯하다. 주위 사람들은 헉 하고 숨을 삼키고 한순간 모든 움직임이 멎는다.

이때 즉시 발걸음을 내딛을 수 있는 사람과 그렇지 못한 사람이 있다. 쓰러진 사람 곁으로 달려가서 '괜찮으세요?'라고 말할 수 있는 사람과 '어쩌지, 무슨 조처를 취해야 할 텐데'하고 마음속으로 생각은 하면서도 발길이 떨어지지 않고 목소리도 나오지 않는 사람이 있다.

이 차이는 평소 사람을 돕는 데 익숙한지 그렇지 않은지의 차이가 아닐까. 난처한 상황에 놓인 사람을 돕겠다는 의식을 가지고 있는지 아닌지의 차이다.

그래서 작은 도움을 습관화한다. 전철 안에서 노인이나 몸이 불편한 사람이 있으면 자리를 양보한다. 지하철 계단에서 므거운 가방이나 유모차를 끄는 사람이 있으면 들어준다. 이런 정드의 것이라도 좋다. 이렇게 타인을 돕는 약간의 행동이 습관이 되면 보다 중대한 순간에, 사람의 도움이 절대적으로 필요한 순간에 브다 쉽게 행동으로 옮기게 된다.

 언제든 가볍게 사람을 도울 수 있도록 한다.
전철에서 빈자리를 다른 사람을 위해 양보한다.〈10초〉

# 윗사람에게 대접받았다면 후배에게 한턱낸다

오늘 상사가 저녁 식사를 냈다면 내일은 후배에게 점심을 낸다.

보너스가 평소보다 많이 나왔다면 부모님께 용돈을 드린다.

운 좋게 복권이 당첨됐다면 그 일부로 친구에게 작은 선물을 보내거나 기부를 한다.

돈과 관련해 수익을 올리면 그 수익과 기쁨을 다른 사람과 나눈다. 그때의 행복감을 혼자 맛보고 끝내는 것이 아니라 다른 누군가에게 나눠준다. 그러면 세상에 점차 행복이 퍼져나가지 않을까?


일반적으로 식사를 대접 받거나 선물을 받으면 그 사람에게 되돌려주는 것이 예의라고 말한다. 그러나 나는 나이가 위인 사람이라면 굳이 되돌려줄 필요는 없다고 생각한다.

어느 날 나는 이런 실수를 했다.

내가 아직 20대였을 때 일이다. 지금은 전혀 마시지 않지만 당시에는 퇴근하면 매일 술을 마셨다. 그 날은 나보다 훨씬 나이가 위인 컨설턴트와 업무 이야기를 하면서 술을 마시고 식사를 했다.

나는 기분 좋게 얻어 마셨다. 우리는 얼큰하게 취해 2차를 갔다. 이때 나는 '다음은 제가 낼 테니 제가 아는 가게로 가시죠'라며 당시

유행하던 클럽으로 그를 데리고 갔다. 술기운 탓이었겠지만 이 정도는 충분히 내가 감당할 수 있다고 허세를 부렸다. 그 클럽에서 다시 술을 마시고 우리는 한층 기분이 좋아졌다.

후회가 밀려온 것은 술기운이 완전히 사라진 다음날 아침이었다. 내 손에 들린 전날 마신 청구서에는 '16만 엔'이라는 금액이 적혀 있었다. 불과 3시간 만에 16만 엔의 금액이 날아갔다. 이 금액으로 상대를 즐겁게 해주었을까? 나는 즐거웠을까? 게다가 지금 내게 남은 이 상실감은 무엇일까?

'대체 내가 무슨 짓을 한 거야?' 그런 기분이었다.


조금 특별한 사례일지도 모르지만 자신보다 훨씬 나이가 위인 사람에게 갚으려고 하면 이런 무리한 일이 벌어진다. 게다가 상대 역시 어린 사람에게 부담을 준 것 같아서 마음이 편치 않다.

윗사람이 한턱 내거나 선물을 주었을 때는 기분 좋게 받으며 감사의 마음을 분명히 전하고, 답례는 무리하지 않는 범위에서 다른 사람에게 하는 것이 좋지 않을까? 이러는 편이 세상에 베풀려는 마음으로 퍼져 나가지 않을까?

그래서 나는 후배에게 베풀고 있다. 후배가 다음에는 자신이 낸다고 말하면, 정중히 사양하고 그의 후배에게 베풀라고 말한다.

 상류에서 흘러온 행복한 마음은 하류로 흘러간다.

내일 점심때 후배에게 식사를 쏜다. 〈10초〉

## 돈을 나 외의 누군가를 위해 사용한다

어느 날 갑자기 하늘에서 100만 엔이 뚝 떨어진다면? 지금 당신의 머릿속에는 어떤 생각이 맴돌고 있을까?

전부터 갖고 싶던 시계를 사자, 정장과 구두를 새로 장만하자, 외국여행을 떠나자, 등등 이런 생각을 하고 있을지도 모른다. 혹은 좀 더 현실적으로 대출금을 상환하자고 생각할지도 모른다.

이 때 100만 엔으로 누구에게 어떤 기쁨을 전할까?를 생각하는 사람은 참 멋지다.

하지만 실제로 눈앞에 100만 엔이 놓여 있다면 나도 나 자신을 위해 쓸 생각만 할지 모르겠지만, 이상적으로는 다른 사람들을 위해 쓰고 싶다.

미국의 철강왕이라 불리는 앤드류 카네기(1835~1919)는 철강사업으로 거액의 부를 축적했다. 은퇴할 때의 자산 규모는 당시 미국

국방비의 1년분에 상당하는 것이었다고 한다.

그 자산으로 그가 주로 행한 것은 기부였다. 은퇴하고 나서 죽을 때까지 19년 동안 그는 자산의 90퍼센트를 기부했다고 한다. 카네기 홀을 비롯해 문화, 예술, 교육, 자선분야에 기부하고, 이 세상을 떠날 때는 '아, 재미있었다'는 말을 남겼다고 한다.

내가 지금까지 만난 부자들의 근간에는 카네기와 같은 금전관이 있었다. 다른 사람에게 기쁨을 주고, 게다가 '재미있었다'고 말할 수 있는 방식으로 돈을 쓰고 싶어 했다.

예를 들면 선물을 주거나 식사를 사거나 파티를 기획하는 것이다. 다른 누군가를 위해 돈과 시간을 아낌없이 사용한다.

거기에는 누군가를 행복하게 하고, 그 때문에 자신도 더욱 행복해진다는 선순환이 발생한다. 그리고 돈은 선순환을 일으킨 사람의 곁으로 모인다.

나는 그들을 보면서 그 사실을 깨달았다.


돈을 쓸 때는 다른 사람을 위해 어떻게 쓸까?, 누구에게 기쁨을 줄 수 있을까?를 생각한다. 꼭 100만 엔일 필요는 없다. 100엔이라도 좋다. 10엔이라도 좋다. 자신의 돈으로 누군가를 기쁘게 할 수 있다면 그만큼 나도 행복해진다.

 선순환을 일으키는 사람의 곁으로 돈이 모인다.

100만 원이 있다면 누구를 어떤 식으로 기쁘게 할지 상상

해보자. 〈5분〉

## 험담하지 않는다

아무리 유복해도 타인의 험담을 아무렇지 않게 한다면 그 사람은 몸도 마음도 풍요로운 부자가 될 수 없다. 험담은 메아리와 같다. 산에서 '야호'라고 소리치면 '야호'하고 되돌아오듯이 다른 사람을 험담하면 그것은 그대로 자신에게로 되돌아온다.

타인을 흉보는 것은 자신의 흉을 보는 것과 같다.

사람의 잠재의식은 '나', '당신', '그·그녀'라는 인칭으로 인식하지 못한다. 예를 들어 '그 사람, 좀 촌스러워'라고 말하면 잠재의식은 '그 사람'은 인식하지 못하고 '좀 촌스러워'라는 부분만 인식한다. 자기 자신에게 '좀 촌스러워'라고 말하는 것과 같다.

바꿔 말하면, 다른 사람의 장점을 발견하면 그것을 자주 말하는 것이 좋다. 솔직히 타인에게 '아름답다'고 칭찬하는 여성은 그녀 자

신도 점차 아름다워진다.

그녀가 '당신은 언제 봐도 아름다워요' 하고 누군가에게 말하면 그녀의 잠재의식은 '언제 봐도 아름답다'는 부분만 인식한다. 여러 차례 타인을 아름답다그 칭찬하면 '아름답다'는 이미지가 자신의 잠재의식에 정착하고 그녀는 점점 아름다워진다.

누군가에게 아름답다, 멋지다는 말을 들으면 당당히 고맙다고 말하자. 그렇지 않다며 겸손해 하면 자신을 부정하게 된다. 더욱 아름다워지기 위해서는 상대의 말을 솔직히 받아들여야 한다.

나는 남의 험담을 하지 않고 살아가고 싶고, 노력한다. 그러나 그래도 아직 미숙한 탓에 불현듯 특별한 악의는 없지만 가볍게 험담하기도 한다. 그런 때는 험담한 사람의 장점을 발견하고 험담한 것의 몇 배로 칭찬한다.

 험담이나 칭찬의 말은 돌고 돌아서 자신에게 되돌아온다.

좀처럼 친하지지 않는 사람의 장점 10가지를 생각해본다.

〈1분〉

# 친구의 부탁은 기본적으로 거절하지 않는다

'○○ 씨에게 나를 소개시켜줘.'

'이번에 내가 잘 아는 경영자들이 모임을 갖는데 그곳에서 강연을
좀 해줘.'

'결혼식의 피로연에서 한마디 부탁할게.'

친구가 이런 부탁을 해올 때가 간혹 있다.

기본적으로 나는 친구들의 부탁은 절대 거절하지 않는다.

친구는 나만이 가능한 일로 나이기에 할 수 있다는 기대감을 갖고
부탁하는 경우가 많다. 결국 나 자신의 가치가 드러나는 순간이기
도 하다. 단순히 비용 대비 성과를 생각하면 채산이 맞지 않는다. 사
람들 앞에서 한 시간만 얘기해줄 수 있어? 2,000엔밖에 못 줘, 라고
말할 때도 있고, 형편이 안 돼 보수를 지불할 여유가 없다고 할 때도
있다. 그래도 기본적으로 거절하지 않는다.

친구를 위해 내가 할 수 있는 일에 최선을 다한다. 그것으로 친구
에게 기쁨을 준다. 그때의 감동은 일로는 얻을 수 없는 또 다른 종류
의 것이다. 친구의 부탁이기에 성취감, 충실감, 기쁨이 있다. 그것
은 비용 대비 성과로는 측정할 수 없는 것이다.

그러나 돈 문제만 얽혀 있다면 반드시 거절한다. 일단 그 자리에서 승낙하고 나중에 거절하는 일은 하고 싶지 않기 때문이다. 무리한 부탁을 받고 애매한 대답으로 그 친구와의 관계를 깨고 싶지는 않기 때문이다.

그러나 일단 수락하면 끝까지 해낸다. 내 일과 마찬가지로, 혹은 그 이상으로 열심히 한다. 그때마다 나는 친구를 위해 열심히 한다는 생각에 큰 즐거움을 얻는다.

누군가를 위해 무언가를 열심히 한다. 거기에는 다른 데서 맛볼 수 없는 감동이 있다.
친구에게 '도울 일이 있으면 언제든 연락해' 라는 메일을 보낸다. 〈3분〉

## 부자들의 풍요로움을 낳는 씨앗 뿌리기 습관

**사람은 소중하지만 집착하지 않는다**
물건에 대한 집착과 마찬가지로 사람에 대한 집착도 버려야 한다. 사람에 대한 집착이란, 타인을 자신이 바라는 대로 제어하려 하거나 시비에 상관없이 상대가 자신을 좋아해주기 바라는 것이다. 사람에 집착해봤자 아무런 행복도 얻을 수 없다. 상대도 자신도 불편해질 뿐이다. 만약 회사직원이 '그만 두겠다'고 말하면 그가 비록 유능한 직원이라 해도 가능한 기분 좋게 떠나보내려 한다.

휴대전화 주소록에서 사용하지 않는 번호 3건을 지운다. 〈1분〉

## 같은 부서 동료의 생일을 축하한다

사회적인 관계도 중요하지만 그 전에 개인 대 개인의 관계를 소중히 생각한다.

나는 지금까지 업무관계로 만난 사람들의 생일도 가능한 축하해왔다. 교육 관련 출판사에 근무했을 때는 같은 부서에 있는 동료 모두의 생일을 수첩에 적어두었다. 생일 당일에 '생일 축하해요!'라고 말하거나 동기들과 점심을 같이 하면서 축하의 마음을 전하기도 했다. 지금도 회사 직원 생일에는 점심을 쏘기도 하고 작은 선물을 주는 등 빠뜨리지 않고 축하하고 있다.

옆자리에 앉은 동료의 생일을 묻고 수첩에 적어둔다. 〈3분〉

# 상대를 생각할 때는 그 사람의 웃는 얼굴을 떠올린다

문득 어떤 사람이 생각날 때가 있다. 한동안 만나지 못한 친구는 요즘 어쩌고 있을까, 시골에 계신 부모님은 건강하신가 등등.

그럴 때는 그 사람의 웃는 얼굴을 떠올리자. 이것은 테라피스트가 가르쳐 준 습관이다.

누군가를 생각할 때는 혹시 아프지는 않을까?, 불경기로 사업에 어려움을 겪고 있는 것은 아닐까? 등등 걱정이 앞서는 경우가 많다.

그렇다 해도 걱정스러운 상황이나 그 사람이 어려움을 겪는 모습이 아니라 활기차고 밝게 웃는 얼굴로 지내는 모습을 떠올리자. 왜냐하면 그 사람이 어려움을 겪는 모습을 생각하면 우려의 마음이 상대에게 전해지기 때문이다.

우려하는 마음이 상대에게 전해진다는 것이 과학적이지 않은 터무니없는 소리로 들릴지도 모르지만, 결국 그 사람이 어려움을 겪고 힘들어하기를 바라는 상태가 되어버리는 것이다.


한 번 만들어진 생각은 돌고 돌아서 자신에게 되돌아온다.

걱정하는 마음이 나선 계단을 빙글빙글 돌기 시작하고 걱정은 더욱 커져간다.

과학적이든 비과학적이든 그것은 내게 별로 중요하지 않다. 다만 나는 이렇듯 눈에 보이지 않는 것도 중요하게 생각한다.

내가 만난 부자들은 가슴 가득 사랑으로 넘쳤고, 눈에 보이지 않는 것에 대한 고마움을 여러 가지 습관으로 표현하고 있었다.

사랑과 감사는 과학의 힘으로 측정할 수도 없고, 눈에 보이지도 않는다. 그렇지만 사람의 마음을 움직이고 상황에 변화를 일으켜 어떤 일의 결과에 확실히 영향을 미친다.

그와 마찬가지로 한 사람 한 사람이 머리에 떠올린 '생각'도 역시 어떤 작용을 할 것이라 미루어 짐작한다.

어떤 사람을 생각할 때는 그 사람의 행복한 모습을 상상한다. 마음속으로 그 사람의 '웃음소리'가 들린다고 상상한다.

그것은 그 사람이 행복하길 기원하는 것이기도 하다.

 누군가의 웃는 얼굴을 떠올리는 것은 그 사람의 행복을 기원하는 일이다.

3년 이상 만나지 못한 그리운 친구의 얼굴을 떠올린다.

〈10초〉

# 소원은 타인의 행복으로 이어지는 것으로

어린 시절 당신은 어떤 소원을 가지고 있었는가?

'○○대학에 합격하게 해주세요.'

'○○가 내 마음을 받아 주게 해주세요.'

'○○대회에서 우승하게 해주세요.'

이런 소망을 빌었을지 모른다. 그리고 분명 자기중심적인 소원을 빌었을 것이다. 그것은 상큼한 청춘의 향기가 감도는 소원이다.

하지만 어른이 되었으면 소원도 나름대로 성숙해져야 한다. 자신뿐 아니라 타인을 위한 것이어야 한다. 자기중심적인 소원이 아니라 다른 사람도 행복한 소원이어야 한다.


내 목표 중 하나는 미국의 주간 뉴스 지 〈TIME〉이 꼽는 '세계에서 가장 영향력 있는 100인'에 선정되는 것이다. 세계에 영향력을 가진 만큼 세상에 기여하고 싶어서다. 물론 순수하게 '멋진' 일이기 때문이기도 하다.

여기서 단순히 〈TIME〉이 선정한 세계에서 가장 영향력 있는 100인에 뽑히고 싶다는 소원을 가진다면 그것은 이기적인 것에 그치고 만다. 어린 시절 빌었던 소원과 크게 다르지 않다.

그래서 이 소원이 이루어지면 누구에게 어떤 좋은 영향을 미칠 수 있는지, 다른 사람들에게 어떤 식으로 행복을 안겨줄 수 있는지를 생각한다.

가령 내가 100명 중 한 사람으로 선정되면 동세대를 살고 있는 일본인에게 용기와 의욕을 선사할 수 있다. '좋아, 나도 해보자'라고 어느 누군가는 주먹을 불끈 쥐고 일어설지 모른다.

나는 이것을 바라면서 '동세대 일본인에게 용기와 의욕을 주고 싶다. 그들을 위해 세계에서 가장 영향력 있는 100명에 선정되자'라는 소원을 빈다.

만일 당신이 변호사를 목표로 한다면 단순히 변호사가 되겠다고 바라는 것이 아니라, '약물 부작용으로 고통 받는 사람을 돕는 변호사가 되고 싶다'는 소원을 가져보자는 것이다.

만일 당신이 카페의 점장이라면 오늘은 100잔의 커피를 팔겠다는 소원이 아니라 '100명이 따스한 시간을 보내길 바란다. 그를 위해 오늘 커피 100잔을 끓인다'는 소원으로.


소원이기 때문에 출발점은 자기중심적이라도 상관없다. 그러나 소원의 끝에는 어떤 이들의 행복이 있기를 바라자. 어디까지나 다른 사람의 행복을 찾는 것이니 다소 억지스러워도 상관없다. 그리

고 그 행복을 실현시키기 위한 소망을 지닌다. 그것이 긍정의 에너
지를 낳아 실현될 가능성을 높인다.

 당신의 소원과 목표는 우주가 응원하고 있는 것인가?

지금 자신의 목표를 다른 사람까지 만족시키는 형태로

바꿔본다. 〈2분〉

# 10 | 눈에 보이지 않는 힘을 존중하라

## 눈에 보이지 않는 힘을 생활 속으로

사업으로 성공한 사람, 일이나 가정 모두 만족스러운 생활을 하는 사람들에게 그 비결을 물으니 많은 사람들이 이렇게 대답했다.

'운이 좋았을 뿐입니다.'

'때마침 운이 따라 주었습니다.'

그들 대부분은 '풍수'처럼 눈에 보이지 않는 힘을 생활 속에 도입하고 있다. 풍수사에게 집이나 사무실을 진단 받거나 전속 풍수사를 둔 사람도 있다. 정기적으로 점술가에게 점을 보고, 판단이 망설여질 때는 점술가를 찾아가 상담하는 사람도 있다. 그렇다고 점술가의 말에 절대적으로 의지하는 것은 아니다.

이렇게 말하면 성공한 사람들은 의외로 미신 같은 데 의지한다고 생각할지 모른다.

그렇지만 나는 그런 그들의 태도에서 겸허함을 보았다.


그들은 사업에 성공한 이유를 '운이 좋았기 때문'이라 말한다. 물론 진짜 이유는 그뿐만이 아닐 것이다. 성공의 이면에는 다른 사람은 상상도 할 수 없는 어려움과 노력이 있었다.

그래도 그들이 성공의 이유로 '운'을 언급하는 것은 단지 노력이나 고생한 것만으로는 설명할 수 없는 무언가를 느꼈기 때문이다.

나도 자신의 일을 되돌아보았다. 물론 나는 지금까지 말해온 성공한 사람들과 비교하면 여러 가지로 부족한 점이 많은 평범한 인간이다. 다행스럽게도 현재 회사를 설립해 사업을 펼치고 상당한 수익을 올리며 불만 없이 인생을 살아가고 있다.

내가 이 같은 상황에 있게 된 원인을 생각해보면, 지금 환경이 순전히 나의 노력만으로 이루어진 것이라고는 도저히 생각할 수 없다. 물론 많은 사람들의 도움과 노력, 노고, 지원을 받은 부분도 크다. 그렇다고 그것 또한 모든 것은 아니다.

사람과의 만남이나 우연한 재회, 인력으로는 선택할 수 없는 혹은 만들거나 조작할 수 없는 눈에 보이지 않는 힘에 의해 결과적으로 도움을 받았다고밖에 설명할 수 없다.

의지만으로는 바꿀 수 없는 일상의 우연이라는 것이 작용한다. 그것을 다른 말로 설명하라면 역시 운이 좋다고밖에 말할 수 없다.

눈에 보이지 않는 힘을 앞에 두고 경의를 표하지 않을 수 없다.

결국 세상에서 성공한 사람들이 풍수나 점을 생활에 도입한 것은 눈에 보이지 않는 힘에 대한 경의의 표현이라 할 수 있다. 그런 점에서 풍수나 점을 무턱대고 믿고 의존하는 것과는 차별되어야 한다.

눈에 보이지 않는 무언가를 느끼고 그것에 존경심을 가지면 사람은 그 순간 겸허해진다.

 보이지 않는 힘에 대해 생각할 때 사람은 겸허해진다.
서점에서 풍수나 점성술 관련 책을 한 권 산다. 〈10분〉

## 아침 햇살이 비치는 집에서 산다

주거공간에 집착한다. 가족과 함께 일상을 쾌적하게 지낼 수 있는 공간을 만드는 데 돈을 아끼지 않는다.

이것도 부자들의 공통점 중 하나다.

나는 예전에는 쾌적한 주거공간을 만드는 데 그다지 적극적이지 않았다. 교육 관련 출판사에 근무할 때는 회사에서 빌려준 집에서, 학생 시절 신세진 분이 경영하는 회사의 공동대표를 맡았을 때는 그 회사 사무실에서, 결혼 이후에는 아내가 처제와 살던 집에서 지냈다. 고맙게도 살 장소를 늘 자동적으로 제공받았다. 어디에 살든 상관없었지만 그곳이 내가 지내기에 가장 좋았던 공간은 아니었다. 그래서 얼마 전 가장 바라던 주거환경을 찾아 이사를 했다.

나는 다음과 같은 이사할 집의 조건을 아내에게 전했다.
- 아침 햇살이 들어올 것
- 넓은 거실과 오픈형 주방이 있을 것
- 조용할 것
- 수납공간이 충분히 있을 것
- 욕실이 넓을 것
- 역에서 도보로 5분 내에 있을 것
- 근처에 유기농 식품점이 있을 것

몇 개월이 걸려서 운 좋게 모든 조건을 만족하는 집을 발견했다.

임대료는 예상했던 금액보다 훨씬 비쌌지만 그래도 임대료보다 '쾌적함'을 선택했다.

이사한 뒤 다시금 느낀 것은 역시 주거공간이라는 것은 정신적인 면에 매우 중대한 영향을 미친다는 것이었다.

전에 살던 맨션은 남향이었지만 바로 앞에 큰 건물이 있어서 아침 햇살이 들어오지 않았다. 지금 살고 있는 4층 맨션은 거실로 아침 햇살이 들어왔다. 그것만으로도 매일 아침 기분이 전과 완전히 달랐다. 아침에 일어나 거실에서 아내와 얼굴을 마주할 때, 그곳에 아침 햇살이 내리비추면 우리의 마음은 날아갈 듯 화사해진다.

우리 부부의 대화도 이전보다 훨씬 원활해지고 서로 웃어주는 일이 많아졌다. 이것도 이사 덕분에 얻은 효과다.

베란다 너머에는 중학교 교정이 펼쳐져 푸른 나무들을 바라볼 수 있다. 봄에는 벚나무의 분홍빛이 선명하다.

매일 아침 베란다에 난 큰 창을 열어 방 안 공기를 환기시킨다. 그리고 아침 햇살을 쬐면서 크게 심호흡을 한다. 태양에게 감사도 전한다. 이것만으로 오늘도 멋진 하루를 보낼 수 있을 것만 같다.


최근 쉽게 짜증나거나 쉬이 피로해지면 주거환경을 다시 한 번 돌아보는 것도 좋겠다. 특히 독신이나 맞벌이 부부의 가정은 동향으로 아침 햇살이 잘 비추는 집을 추천한다.

 자신이 살고 있는 공간이 정신적인 토대가 된다.
내일 아침 햇살을 충분히 쬐면서 천천히 기지개를 켠다.
〈30초〉

## 가계도를 그려본다

조부모님, 외조부모님. 누구에게나 두 분의 할아버지와 두 분의 할머니가 있다. 당신은 네 어른의 함자를 알고 있는가? 그리고 그 이름을 한자로 쓸 수 있는가?

어린 시절부터 할아버지, 할머니를 잘 따랐던 사람도 이름까지 알고 있는 사람은 의외로 적다. 게다가 증조부모님으로 거슬러 올라가면 그 수는 모두 8명이 된다. 모든 분들의 이름을 알고 있는 사람은 극히 드물다.

나는 얼마 전까지 증조부모님의 이름은 한 분도 몰랐다. 지금은 그들의 함자를 잘 알고 있다. 그것은 최근에 우리 집 가계도를 만들었기 때문이다.

가계도를 만들어야겠다고 생각한 계기는 아주 사소했다.

회사에서 개설한 강좌인 마크로비오틱과 매우 관련이 깊은 메이지 시대의 군인이자 육군 약제감이었던 인물이 있다. 친구 중에 그 사람과 성이 같고 게다가 선조 대대로 의사인 사람이 있다. 그래서 어느 날 그녀에게 그 관련성에 대해 물었다.

그러자 그녀는 '가계도를 찾아볼게'라고 말했던 것이다.


집에 가계도가 있는 것이 지극히 자연스럽다는 듯 말하는 그녀가 난 무턱대고 부러웠다. 집에 가계도가 있는 것이 부자답지 않은가.

나도 가계도를 만들기로 했다. 단순히 부자에 대한 동경만은 아니다. 부자들은 모두 선조를 소중히 여기는 습관을 공통적으로 가지고 있다. 한식이나 추석에 조상님 묘를 꼬박꼬박 찾아가 추모하는 것은 물론이고 늘 마음속으로 선조를 존경하고 고마워한다.

그런 자세를 나도 배우고 싶었고, 항상 선조에게 감사하게 생각했지만 가계도가 있다면 더 고마울 것 같았다.

실제로 가계도를 손에 넣고 선조에 대한 마음가짐이 달라졌다.

가계도에는 나의 5세대 전, 고조부모님의 부모님의 함자까지 있다. 그 수는 나와 아내를 제외하면 41명이다. 가장 오래 전에 태어난분은 고조모님의 아버지로 에도 말기에 출생한 것으로 추정된다.

가계도에 나와 연결된 선조들의 함자를 보고 내가 지금 여기에 있다는 기적과 신비함을 느꼈다. 또한 구체적인 함자를 알고 난 뒤 그때까지 막연했던 선조의 존재가 윤곽을 띠었다. 지금 나는 생명의 연장선 위 말단에 존재한다는 것을 실감했다.

가계도는 개인이라도 호적이나 제적등본을 조사하면 어느 정도는 간단히 만들 수 있다. 단지 가족에 따라 숨겨진 사정이 있을 수 있어서 사전에 가족들의 승낙을 받는 것이 좋다.

선조를 친밀하게 느끼고 나라는 생명이 지금 여기 존재하는 데 대한 감사의 마음이 한층 커진다.

 생명의 연장선 끝에 지금 내가 있다.
부모님께 조부모의 함자를 확인해보자. 〈5분〉

## 집 안에 신을 위한 공간을 만든다

풍요로운 인생을 살아온 사람들의 대부분은 신을 소중하게 생각한다. 자신에게 절대적인 존재는 아니지만 그 힘에는 깊이 경의를 표한다. 잘 관찰해보면 집이나 사무실에 반드시 신을 위한 공간이 있다. 신위나 부적을 모시거나 상징적인 물건 등 다양하다.

신이라 해서 특정 종교의 신을 규정짓는 게 아니라 조금 애매한 개념이지만 큰 의지나 우주 같은 존재여도 상관없다.


부자들의 신을 대하는 태도는 매우 간결하다.

지켜주세요, 도와주세요, 옳은 답으로 이끌어 주세요. 이런 소원은 일절 바라지 않는다. 기대지 않는다.

경의와 그리고 일상에 대한 감사의 마음을 표할 뿐이다.

매일 신을 위한 공간을 깨끗하게 유지하고 아침저녁 반드시 신과 만나는 시간을 갖는다.


나는 최근까지 신과의 관계에 성실히 임하지 않았다.

물론 어린 시절부터 막연하게 자신의 힘을 초월한 큰 힘이 존재한다는 것을 믿고는 있었지만 신을 위한 공간을 준비하고 신과 마주서는 일은 하지 않았다.

그러나 많은 부자들이 각자 나름의 '신'을 매우 소중히 생각하고 있다는 얘기를 듣고 나는 신에 대한 태도를 바꿔보기로 했다.

현재 집 거실에는 작게 신위를 모신 공간을 마련하고, 사무실에는 하나조노 신사의 갈퀴와 지인에게 받은 이즈모 신사의 부적을 놓아두었다. 매일 아침저녁 그 앞에서 두 손을 모으고 신에게 감사를 드리고 있다.

실제로 실천해보고 알게 된 것은 신이라는 큰 존재에 대한 존경심이나 감사의 마음은 그대로 다른 것에 대한 존경과 감사로 이어진다는 점이다. 신에게 표하는 존경심과 감사가 그대로 가족이나 친구, 회사직원 등 다른 사람 혹은 자기 자신, 그리고 시간이나 돈과 같은 모든 것들에 대한 존경과 감사를 낳는다.

이런 감정이 날로 커져가는 것은 실로 기분 좋은 일이다.

신에 대한 감사라면 마음속으로도 충분히 할 수 있다. 그러나 가능한 한 신을 위한 공간을 마련하고 항상 청결히 유지하고 합장한다는 구체적인 행동을 취하면 감사의 힘이 더욱 커진다.

신을 위한 공간이 없으면 태양이나 달을 향해 합장하는 것도 좋다. 우선은 크고 위대한 존재에 감사한다.

 자신이 늘 위대한 힘에 의해 살아지고 있다는 것을 잊지 않는다.

집 안에 영적인 공간을 만든다. 〈5분〉

**이사한 동네의 사당으로 인사하러 간다**

마을에는 땅과 그곳에 사는 사람을 지키는 수호신이 있다. 이사를 하면 그 토지의 신에게 인사하러 가는 것이 좋다. 신도神道를 연구하는 내 친구는 업무로 빈번히 다니는 곳이 생기거나 이사를 하면 반드시 그 지역의 신을 모신 사당에 가서 인사를 드린다고 한다.

지도에서 집이나 회사 근처에 있는 사당을 체크한다. 〈5분〉

## 가족을 생각하는 동시에
## 바다 저편의 아이들을 생각한다

'비즈니스는 인맥이 생명'이라면서 회사 밖으로 넓게 인맥을 쌓는 사람이 자신의 부하는 마구 다룬다. 혹은 '세계의 평화를 지키자'고 외치는 사람이 이웃사람의 험담을 한다. 이런 사람을 보면 왠지 공허하다.

사람은 대국에 시선을 빼앗기면 발아래를 놓치기 십상이다. 나 자신도 마찬가지다. 그렇지만 주변의 부자들을 보면 절대 그 점을 간과하지 않는다.

그들의 공통점 중 하나가 가족을 소중히 생각한다는 것이다.

매일 아침 아내를 안아 준다. 아침 식사는 반드시 가족과 함께 한다. 휴일 아침 식사는 두 시간에 걸쳐 가족과 함께 한다. 출장에 자주 가족을 동반한다. 매월 반드시 부모와 만나는 시간을 갖는다. 3일에 한 번은 귀갓길에 부모님께 전화를 건다. 바쁜 남편과 함께 하는 시간은 자신이 아무리 바쁘더라도 최우선으로 한다.

대부분의 부자들이 가족을 우선시하는 습관을 가지고 있었다. 단 생각만으로 가족을 소중히 여기는 것이 아니라, 그 생각을 행동으로 보여준다.

내가 그들을 취재하면서 뼈저리게 느낀 것은 멋진 부자란 모든 것에 사랑과 감사로 충만하다는 것이다.

그 모든 것에 대한 사랑과 감사의 밑바닥에 있는 것은 가족과 주변 사람에 대한 사랑과 감사일 것이다.

일, 사회, 자연, 신에 이르는 모든 것에 대한 사랑과 감사의 마음을 가지고 있어도 정작 가까운 주변 사람들을 소중히 생각하지 않는다면 무의미하다.

회사 밖의 인맥이 아무리 중요해도 회사 안의 인간관계가 최악이라면 의미가 없고, 세상 사람들을 아무리 소중히 생각해도 이웃사람을 소중히 생각하지 않는다면 그 또한 의미가 없다.

내가 만난 진정한 부자들은 이 점을 너무도 잘 알고 있었다. 대국에 시선을 두면서도 한편으로 발밑도 잘 보고 있는 것이다.


평화로운 세상은 모든 사람들의 소원 중 하나다.

핵무기가 없는 세계, 환경문제가 해결된 세계, 빈부격차가 없는 세계, 차별이 없는 세상…….

평화로운 세상이란 여러 가지로 정의할 수 있는데, 내가 생각하는 평화로운 세상이란 사람들의 마음속에 사랑과 감사로 가득한 세상이다.

세상 사람들의 마음속에 사랑과 감사가 넘치고 널리 퍼져나가면 세상은 더욱 평화로워질 것이다. 평화로운 세상을 만들기 위해서, 사랑과 감사로 넘치는 세상을 만들기 위해서 우리가 할 수 있는 일은 무엇이 있을까?

바로 가족처럼 주변 사람을 소중히 여기는 것이다. 동시에 먼 곳, 예컨대 굶주린 아프리카의 아이들이나 분쟁에 휩싸인 중동지역의 아이들, 빈곤에 허덕이는 아시아의 아이들을 생각하는 것이다. 어느 한쪽으로 치우치면 그 힘은 약해진다. 주변 사람과 멀리 있는 사람을 모두 생각한다.

도미노는 보통 가장 가까운 곳부터 쓰러진다. 내게 코칭 지도를 받는 M 씨는 '도미노는 가까운 곳부터 쓰러진다. 따라서 세계 평화를 생각할 때도 먼저 눈앞에 있는 가족을 소중히 여기는 것부터 시작한다'고 내게 말했다.

그렇지만 가능한 빠른 시간 안에 모든 도미노를 쓰러뜨리려면, 가까운 곳과 먼 곳을 동시에 쓰러뜨리는 것이 가장 효과적이라고 나는 생각한다. 이것을 M 씨의 말에서 힌트를 얻어 '도미노 이론'이라 이름을 붙였다.

세상에 사랑과 감사의 마음을 확산시키기 위해서는 '도미노 이론'을 사용하는 것이 가장 효율적이다. 가장 가까이에 있는 사람들에 대한 사랑과 감사, 가장 먼 곳에 있는 사람들에 대한 사랑과 감사를 동시에 갖는다.

먼저 가족과 가까운 사람들을 소중히 여긴다. 그리고 그 마음을 구체적인 행동으로 일으킨다. 동시에 멀리 바다 건너에 있는 아이들을 생각하고, 그 아이들을 위해 모금한다. 이 모두를 실행하는 것이 중요하지 않을까.

 감사의 도미노는 양쪽에서 쓰러뜨린다.

5초만 책을 덮고 책이 읽고 싶어도 읽을 수 없는 사람들에

대해 생각한다. 〈5초〉

## 신에게 소원만을 빌지 않는다

절, 교회 등에 가서 당신은 무엇을 생각하는가? 나는 소원을 빌지
않고 오로지 감사만 한다. 비즈니스를 할 수 있도록 허락하고 사업
이 번성하는 데 대해 감사하고 있다. 한해를 마무리하고 새해를 맞
을 때도 지난 1년 동안 가족과 같이 건강하게 지낸 것을 감사한다.

나도 과거에는 많은 사람들이 그러하듯이 소원을 빌었다.

새로운 사업이 모쪼록 궤도에 오를 수 있도록 해주세요.

학원 학생들이 만족할 수 있도록 해주세요.

가족이 건강하게 지낼 수 있도록 해주세요.

요산 수치가 내려가게 해주세요.

그러나 곰곰이 생각해보면 소원이 많다는 것은 뒤집어보면 현재
상황에 만족하지 못하고 있다는 반증이기도 하다. 현재 '부족하다'
고 느끼기에 '좀 더' 바라게 되는 것이다.

현재 상황에 대한 불만은 다음 단계로 나아가는 에너지가 되기도 해서 전적으로 부정할 생각은 없다. 단지 일상생활 속에서 만족하며 살려고 한다. 지금 자신에게 부족한 것만을 보는 것이 아니라 갖고 있는 것에 시선을 두고 있는 것에 감사하는 마음을 갖고 싶다.

이런 자세가 일상을 풍요롭게 살아가기 위한 중요한 마음가짐 중 하나라 믿는다.

 미래에 대한 소원만을 빌지 않는다. 과거나 현재에 대한 감사가 살아가는 힘이 된다.
내년 1월 1일에는 신에게 올 한 해 건강히 잘 지낸 데 대해 감사한다. 〈15초〉

## 물을 쓸 때마다 감사한다

'나는 매일 물을 쓸 때마다 마음속으로 고마워한다.'

어떤 분이 이런 이야기를 해주었을 때, 나는 짜릿하고 어떤 깨달음을 얻었다. 정말 좋은 습관이다.

나는 지금까지 태연히 수드꼭지를 틀어놓고 물을 썼다. 다시금 생각해보면, 인간의 몸은 성인의 경우 60~65퍼센트가 물로 되어 있다. 지구의 3분의 2를 덮고 있는 물. 이런 신비로운 존재인 물에 감사의 마음을 갖는 것은 매우 좋은 습관처럼 느껴졌다.

게다가 나는 손 씻기, 화장실, 샤워, 요리로 하루 종일 몇 번이나 물을 사용한다.

하루의 감사는 많을수록 좋다. 결국 물을 사용할 때마다 감사하는 습관을 가지면 자연히 하루 동안 감사할 기회는 더욱 많아진다.


어느 조사에 따르면 세계 인구의 5분의 1은 안전한 식수를 마시지 못한다고 한다. 더욱이 그 몇 배의 사람들이 위생적인 물 시설을 이용할 수 없다. 때문에 매년 180만 명의 유아가 어린 생명을 잃는다고 한다.

일본에서도 지역에 따라 종종 물부족 문제가 발생한다. 그러나 기본적으로 집에서든 회사에서든 공원 같은 공공시설에서든 자유롭게 안전하게 물을 마시고 사용할 수 있다. 같은 지구에서 물이 없어 고통 받는 사람이 10억 명을 넘는다고 생각하면 일본이 얼마나 혜택 받고 있는지 알 수 있다. 그리고 우리가 매일 당연하게 쓰고 있는 물이 결코 당연한 일이 아니고 크게 감사할 일이라는 것도.

함께 지내는 시간이 길면 길수록, 가까우면 가까울수록 그 존재의 고마움이 좀처럼 보이지 않는다. 일본에 있는 우리는 물에 대하여 그렇지 않은가.

나는 오늘도 물을 쓸 때마다 마음으로 '고맙습니다'라고 말한다.

 모든 생명은 물에서 탄생했다.
다음번 물을 쓸 대 마음속으로 '고맙다'고 말해본다. 〈3초〉

## 부자들의 풍요로움을 낳는 씨앗 뿌리기 습관

### 먹을 때, 그것을 재배하는 모습을 떠올린다

먹거리 하나하나에 태어나 자란 고향이 있다. 야채나 과일에는 풍요로운 토지가, 생선에게는 장대한 바다나 산에서 내려온 청정한 강이, 고기에게는 녹음으로 가득한 목장이나 사육장이. 거기에 헤아릴 수 없을 만큼 수많은 생명과 사람의 손길이 있다. 그런 광경을 상상하면서 먹으면 먹는다는 행위에 대해서도 감사의 마음을 가질 수 있다.

식사할 때 누렇게 익은 벼가 고개 숙인 풍경을 떠올린다. 〈3초〉

## 자신이 부자인지 아닌지는
## 본인의 마음에 달려 있다.

통장의 잔고가 100만 엔인 것에 대해 '100만 엔밖에 없다'고 생각하면 그 사람은 부자가 아니다. 그렇지만 '100만 엔이나 있다'고 생각하면 그 사람은 부자다. 혹은 잔고가 1,000만 엔인 것에 대해 '1,000만 엔밖에 없다'고 생각하면 부자가 아니고, '1,000만 엔이나 있다'고 생각하면 그는 부자다.

그렇다면 나 자신은 얼마가 있으면 부자라고 느낄까?

나는 무심코 그런 생각을 해보았다. 그러나 부자를 취재하고 그

214

들의 생활습관에 대해 이야기를 듣는 동안에 숫자를 좇는 것은 어리석은 일이라는 사실을 깨달았다.

그들이 가진 습관의 배경어 는 그들의 신념, 사고가 있었다. 그것은 한 마디로 말하면 모든 것에 대한 사랑과 감사다.

자신에 대한 사랑.

가족, 친구, 동료 등 가까운 사람들에 대한 사랑.

전혀 모르는 사람을 포함한 사회에 대한 사랑.

자연에 대한 사랑.

신에 대한 사랑.

돈에 대한 사랑.

그리고 그것이 가져다주는 모든 것에 대한 감사.

이런 사랑과 감사를 그들은 늘 가슴에 담고 있다.

그 마음이 이 책에 소개한 습관 하나하나를 낳았다.

자신에 대한 사랑이 자신의 건강관리, 시간관리, 목표관리의 습관으로. 사회에 대한 사랑이 쓰레기를 깨끗하게 내놓거나 기부하는 습관으로. 가까운 사람들에 대한 사랑이 가족의 생일을 빠뜨리지 않고 축하하고, 정기적으로 본가에 가는 습관으로. 자연에 대한 사랑이 '잘 먹겠습니다'를 말하는 데 15초를 들이는 습관으로. 신에 대한 사랑이 감사만 하는 습관으로. 돈에 대한 사랑이 장지갑을 사용하는 습관으로 제각기 나타났다.

또한 감사의 마음은 물을 사용할 때마다 '고맙다'고 말하는 습관이나 하루가 끝날 무렵 그 날에 일어난 일에 감사하는 습관으로 이어진다.

어떤 습관이든 특별히 실행에 옮겼다고 해서 이자가 몇 퍼센트 붙거나 직접적인 수익이 발생하는 것은 아니다. 그러나 습관을 실행하면 반드시 마음의 저금통에 풍요로움이 쌓인다.

그 풍요로움이란 금액이나 이자라는 숫자로 나타낼 수 없다. 매일매일 성심을 다해 진지하게 살아간다는 실감이 있고 행복을 만끽하는 것이다.

이것을 매일 충분히 느낄 수 있다면 예금이 얼마든, 자산이 얼마든 그것은 그리 중요하지 않다.

결국 진정한 부자들은 비록 돈이 없어도 행복하게 살아갈 수 있는 사람들이다. 물론 이렇게 말을 해도 그들 곁에는 늘 윤택한 자금이 흐르고 있다는 사실은 변하지 않을 것이다.

그들은 돈을 쓰는 방법에도 모든 것에 대한 사랑과 감사의 마음이 있다. 그들은 다른 사람을 위해 아낌없이 돈을 쓴다.

기부하고, 가까운 사람에게 선물을 보내고, 다른 사람을 기쁘게 하기 위해 돈을 아끼지 않는다. 또한 건강관리나 시간절약을 위한 돈, 자기 투자에 이르는 돈, 자신을 소중히 하기 위한 돈도 아끼지 않는다.

자신의 행복만을 혹은 타인의 행복만을 위하지 않고 양쪽의 행복을 모두 생각한다. 자신에게 행복을 안겨주는 동시에 타인도 행복하게 만들 수 있도록 돈을 쓴다.

세상에 선순환을 일으키기 위한 지출법이다.

적어도 이것이 돈의 올바른 사용법이다.

올바르게 돈을 사용하는 사람 곁에는 자연히 돈이 흘러들어온다.


당신 자신이 부자가 되기 위한 가장 빠른 지름길은 진정한 부자들이 가지고 있는 '사랑과 감사의 마음'을 익히는 것이다.

그러나 처음부터 모든 것에 사랑과 감사의 마음을 갖는 것은 결코 쉬운 일이 아니다. 추상적이고 실용적이지 않다.

이 책에 소개한 습관을 실천하길 바란다. 여기 소개한 습관은 하나같이 간단해 즉시 실천할 수 있는 것들이다.

물론 전부 실천하지 않아도 상관없다. 먼저, 하나만 해보고 조금씩 늘려가는 것도 좋다. 몇 개의 습관이 몸에 익었을 때, 그것이 습관이라 느껴지지 않는 '자연스러운 행위'가 되었을 때 당신 마음속의 사랑과 감사는 분명 지금보다 커져 있을 것이다. 그리고 지금보다 훨씬 행복한 부자로 성큼 다가가 있을 것이다.

끝까지 읽어준 것에 감사한다.
당신의 인생이 틀림없이 윤택해지고, 세상도 지금보다 한층 풍요로운 감사로 가득한 세상이 되기를 바란다.

마지막으로 다시 한 번 함께 일해준 썬마크 출판 편집부의 이라사와 타쿠야 씨를 비롯해 스태프 여러분, 구성에 도움을 주신 야마다 유카 씨, 이 책의 제작부터 여러분 곁에 다다르기까지의 과정에 힘써주신 모든 분들, 지극히 사랑해주신 부모님, 늘 곁에 있어준 아내, 회사의 멋진 동료들, 많은 에너지를 전해주신 수강생 여러분, 친애하는 친구들, 도움을 주신 모든 분들, 지금껏 만난 모든 분들과 생명과 일, 그리고 무엇보다 취재에 도움을 주신 많은 진정한 부자 여러분들에게 진심으로 고마움을 전한다.

2009년 9월  미야케 히로유키

# 지금 당장 할 수 있는 '부자 되는 습관' 행동 리스트

· 이 책에서 소개한 부자를 향한 꿈과 목표를 이뤄주는 행동 리스트다. 한 번 해보고 싶은 항목에 ○를 하고 실제로 실천해본 것은 ●로 표시한다.

· 먼저 '한 개만', '한 번만'으로도 충분하다.


**부자로 만들어주는 아침 습관을 몸에 익히자**

1. 우선 내일 아침 하루의 일정을 머릿속에 떠올리고 '감사하다'고 말해본다.〈1분〉 | (        )

2. 내일 아침에 깨끗한 물로 현관을 닦아본다.〈1분〉 | (        )

3. 내일 아침 욕실 거울을 닦아본다.〈1분〉 | (        )

4. 내일 아침 일어나 창을 연다.〈30초〉 | (        )

5. 지금 3회만 천천히 심호흡해본다.〈1분〉 | (        )

6. 내일 아침 식탁 앞에서 15초간 천천히 말한다. "잘 먹겠습니다" 〈15초〉 | (        )

7. 이를 닦을 때 평소 잘 쓰지 않는 손을 사용해본다.〈0초〉 | (        )

8. 오늘 신을 구두 외에는 모두 신발장에 넣는다.〈20초〉 | (        )

9. 다음 쓰레기를 내놓을 때는 봉지 입구를 깨끗하게 묶는다.
〈15초〉 | (       )

10. 지금 책을 읽고 있는 이 공간에게 '고맙습니다'라고 말해본다.〈1초〉 | (       )

11. 지금 당장 '기쁘다, 즐겁다, 행복해, 운이 좋아, 고마워!'라고 중얼거려본다.〈5초〉 | (       )

12. 출퇴근 길에 '나무가 있는 곳'을 찾아본다.〈0초〉 | (       )

13. 이번 휴일에는 평일과 같은 시간에 일어난다.〈0초〉 | (       )

14. 비전 보드에 적을 키워드를 노트에 적어보자.〈5분〉 | (       )

15. 10년 뒤의 목표 중 하나를 노트에 적어본다.〈15초〉 | (       )

16. 자신에게 중요한 목표를 두 가지 더 생각해본다.〈5분〉
 | (       )


## 돈에 대한 존경심을 가져라

17. 1만 원짜리 지폐를 손에 들고 앞뒷면을 찬찬히 살펴본다.
〈1분〉 | (       )

18. 다음번 돈을 지불할 때는 마음속으로 상냥하게 말을 건넨다.
〈3분〉 | (       )

19. 최근 구입한 물건으로 누구에게 어떤 행복을 안겨주었는지 상

상해본다.〈5초〉 | (     )

20. 다음번 쇼핑갈 때는 지갑에서 카드를 빼놓고 간다.〈5초〉

| (     )

21. 지금 지갑에 있는 돈으로 자신과 타인이 동시에 행복해지는

방법을 생각한다.〈5분〉 | (     )

22. 지금 당장 지갑 속 지폐 방향을 바꾼다.〈15초〉 | (     )

23. 지금 당장 지폐의 순서를 바꾼다.〈10초〉 | (     )

24. 은행에 가서 신권으로 바꾼다.〈10분〉 | (     )

25. 지갑에서 비죽 나온 영수증이 있다면 잘 접어 넣는다.〈30초〉

| (     )


## 하루 한 번 진정한 부자가 되어라

26. 백화점에 갔을 때 장지갑 코너에 들러본다.〈15분〉 | (     )

27. 다음 주말은 평소보다 시간을 들여 구두를 닦자.〈10분〉

| (     )

28. 브랜드숍에 들러 명품 양말을 골라본다.〈3분〉 | (     )

29. 최근 1년 이상 입지 않은 옷 한 벌을 처분한다.〈5분〉 | (     )

30. 개점 직전 백화점 입구에 줄을 선다.〈5분〉 | (     )

31. 은행에서 10만 원을 1,000원짜리 지폐로 바꾼다.〈10분〉

| ( )

32. 호텔 라운지에서 홀로 작전회의를 가져본다.〈30분〉| ( )

33. 다음에 돈을 걸고 게임을 할 때는 돈을 '따는' 것은 생각하지 않는다.〈5분~〉| ( )

34. 다음에 편의점에 가면 10원짜리 동전이라도 좋으니 모금함에 넣는다.〈5초〉| ( )

**주변의 물건을 좀 더 소중히 여겨라**

35. 지금 차고 있는 손목시계를 4분 빨리 돌려놓는다.〈15초〉
| ( )

36. 다음에 옷 사러 갈 때는 이성 친구나 파트너와 동행한다.
〈1시간~〉| ( )

37. 문구점에 들러 만년필 코너를 둘러본다.〈10분~〉| ( )

38. 명함집에 소금을 뿌린다.〈1분〉| ( )

39. 문방구에 들러 한지를 구입한다.〈1분〉| ( )

40. 이번 달 수입의 10퍼센트를 '자기 투자 비용'이라 적힌 봉투에 넣는다.〈1분〉| ( )

41. 도움을 받았을 때는 서슴없이 '고맙다'고 말한다.〈10초〉
| ( )

42. 흥미가 있는 것을 가르쳐주는 학원을 인터넷으로 검색해본다.〈5분〉 | (      )

43. 다음에 전철을 타면 좌석 한가운데에 앉는다.〈0초〉 | (      )

44. 가장 끝 칸에서 '넘버원'이 된 기분을 맛본다.〈0초〉 | (      )

45. 자신에게 작은 생일선물을 사준다.〈15분~〉 | (      )

46. 서랍장 깊이 처박혀 있는 불필요한 물건 중 하나를 감사한 마음으로 버린다.〈5분〉 | (      )


**일상의 작은 습관으로 건강해지자**

47. 다음에 지하철을 탈 때는 에스컬레이터보다 계단을 이용한다.〈1분~〉 | (      )

48. 지금 아름다운 자세를 의식해보자.〈1초〉 | (      )

49. 오늘 목욕하기 전에 몸무게를 잰다.〈1분〉 | (      )

50. 유기농 식품점에서 조미료 하나를 사본다.〈5분〉 | (      )

51. 다음 식사는 조금 덜 먹는다.〈0초〉 | (      )

52. 다 먹은 다음에 접시가 깨끗한지 확인한다.〈1초〉 | (      )

53. 음식물을 한 입 넣으면 일단 젓가락을 내려놓는다.〈5초~〉 | (      )

54. 전용 수저를 산다.〈5분〉 | (      )

55. 시간을 빼앗는 습관과는 이별을 고한다.〈0초〉| (      )

56. 다음번 회식에서는 맥주 대신에 탄산음료를 주문해본다.
〈0초〉| (      )

57. 먼저 과자 구입비를 절약해보자.〈0초〉| (      )


**여유로운 습관으로 마음의 리듬을 가다듬어라**

58. '닫기 버튼을 누르는 것을 2초간 참아본다.〈2초〉| (      )

59. 약속 장소는 서점으로 한다.〈0초〉| (      )

60. 쓸데없이 시간을 빼앗기고 있지 않은지, 돈으로 해결할 수 있
는 일인지 생각해본다.〈3분〉| (      )

61. 현 상황에 대한 만족 10가지와 불만 1가지를 노트에 적어본
다.〈10분〉| (      )

62. 디지털 카메라에 보관되어 있는 사진을 출력한다.〈15분〉
| (      )

63. 목표를 현재형이나 과거형으로 적고 소리 내 읽는다.〈15초〉
| (      )

64. 인터넷으로 《천재 바카본》의 주제곡을 들어본다.〈5분〉
| (      )

65. 호빵맨의 행진곡을 인터넷으로 검색해본다.〈5분〉| (      )

66. 오늘의 좋지 않은 운세는 잊는다.〈10초〉| (      )

67. 텔레비전을 끄고 오디오 음악을 듣는다.〈10분〉| (      )

68. 서점 고전 코너에 가본다.〈10분〉| (      )

69. 지금 당장 언제 혼자 있는 시간을 보낼 것인지 스케줄을 정해 일정표에 적는다.〈1분〉| (      )

70. 금요일 밤은 나만을 위한 시간으로 일정을 잡는다.〈1분〉

 | (      )

71. 다음번 쉬는 날에는 일정을 잡지 않는다.〈0초〉| (      )

72. 그 사람에게 부치지 않는 편지를 써보자.〈20분〉| (      )

73. 가장 갖고 싶은 것이 안겨줄 장점과 단점을 생각해본다.〈10분〉

 | (      )

74. 지금 당장 텔레비전 안테나코드를 뽑는다.〈5초〉| (      )

75. 컴퓨터 메일 설정을 바꾼다.〈3분〉| (      )

76. 오늘 단 하루만이라도 휴대전화를 집에 두고 나온다.〈0초〉

 | (      )


**작은 선물로 마음을 전하자**

77. 다음번 일립만버일이 언제인지 인터넷으로 조사해본다.〈1분〉

 | (      )

78. 항상 가지고 다니는 가방에 카메라를 넣어둔다. 〈1분〉

　| (　　)

79. 오늘 집으로 돌아가는 길에 꽃가게에 들린다. 〈5분〉 | (　　)

80. 오늘밤 부모님께 안부전화를 한다. 〈5분〉 | (　　)

81. 수첩에 가족의 생일을 적는다. 〈1분〉 | (　　)

82. 마음에 드는 작은 물건을 발견하면 누군가를 위해 하나 더 사둔다. 〈5분〉 | (　　)

83. 누군가를 축하할 때는 최선을 다해 선물을 준비한다. 〈0초〉

　| (　　)

84. 오늘 그 사람을 위해 복권판매소에 들른다. 〈5분〉 | (　　)

85. 자주 가는 식당의 점원에게 이름을 물어본다. 〈10초〉 | (　　)

86. 내일 처음 만난 동료에게 이름을 부르고 인사한다. 〈3초〉

　| (　　)

87. 친구에게 보내는 메일 첫머리에 상대 이름을 넣는다. 〈1분〉

　| (　　)

88. '부부 미팅'용 노트를 한 권 장만한다. 〈3분〉 | (　　)

89. 가족과 걸을 때 손을 잡는다. 〈5초〉 | (　　)


**감사의 힘으로 풍요로운 마음을 순환시켜라**

90. 우체국에 가서 기념우표와 엽서를 산다.〈5분〉| (     )

91. 잔돈을 건네받을 때에 시선을 마주치고 '고맙습니다'라고 말한다.〈3초〉| (     )

92. 일주일간 자신에게 '죄송합니다' 금지령을 내린다.〈0초〉
| (     )

93. 인사한 뒤에 고맙다는 말을 덧붙인다.〈1초〉| (     )

94. 다음 주말은 가족 모두가 집 청소를 한다.〈1시간〉| (     )

95. 화장실 거울 앞에서 웃는 얼굴로 '고맙습니다' 말한다.〈5초〉
| (     )

96. 남들이 매일 해주는 일에 대해 감사한다.〈5초〉| (     )

97. 다음번에 친구와 만나고 헤어진 뒤에 돌아가면서 감사메일을 보낸다.〈5분〉| (     )

98. 오늘밤은 마음속에서 '고맙습니다' 하고 말하면서 잠든다.
〈10초〉| (     )


**언제나 타인을 위할 기회를 찾아라**

99. 전철에서 빈자리를 다른 사람을 위해 양보한다.〈10초〉
| (     )

100. 내일 점심때 후배에게 식사를 쏜다.〈10초〉| (     )

101. 100만 원이 있다면 누구를 어떤 식으로 기쁘게 할지 상상해보자.〈5분〉| (    )

102. 좀처럼 친해지지 않는 사람의 장점 10가지를 생각해본다.〈1분〉| (    )

103. 친구에게'도울 일이 있으면 언제든 연락해'라는 메일을 보낸다.〈3분〉| (    )

104. 휴대전화 주소록에서 사용하지 않는 번호 3건을 지운다.〈1분〉| (    )

105. 옆자리에 앉은 동료의 생일을 묻고 수첩에 적어둔다.〈3분〉| (    )

106. 3년 이상 만나지 못한 그리운 친구의 얼굴을 떠올린다.〈10초〉| (    )

107. 지금 자신의 목표를 다른 사람까지 만족시키는 형태로 바꿔본다.〈2분〉| (    )


**눈에 보이지 않는 힘을 존중하라**

108. 서점에서 풍수나 점성술 관련 책을 한 권 산다.〈10분〉| (    )

109. 내일 아침 햇살을 충분히 쬐면서 천천히 기지개를 켠다.

〈30초〉| (    )

110. 부모께 조부모의 함자를 확인해보자.〈5분〉| (    )

111. 집 안에 영적인 공간을 갖는다.〈5분〉| (    )

112. 지도에서 집이나 회사 근처에 있는 사당을 체크한다.〈5분〉
| (    )

113. 5초만 책을 덮고 책이 읽고 싶어도 읽을 수 없는 사람들에 대
해 생각한다.〈5초〉| (    )

114. 내년 1월 1일에는 신에게 올 한 해 건강히 잘 지낸 데 대해 감
사한다.〈15초〉| (    )

115. 다음번 물을 쓸 때 마음속으로 '고맙다'고 말해본다.〈3초〉
| (    )

116. 식사할 때 누렇게 익은 벼가 고개 숙인 풍경을 떠올린다.
〈3초〉| (    )

지은이 _ 미야케 히로유키 三宅裕之

현 시너지플러스 주식회사 대표이사.

와세다 대학 상학부를 졸업한 뒤 베네세 코포레이션을 거쳐 주식회사 제팬 비즈니스라보 대표이사로 취임했다.

학생과 사회인을 대상으로 한 커리어 디자인 스쿨 및 영어학습 코칭스쿨의 대표를 역임한 뒤 TOEIC 점수향상 코칭스쿨을 설립했다.

2004년부터 미국 콜롬비아 대학 교육대학원을 거쳐 다문화 언어교육을 연구하면서 북중미 일대에서 최면요법, 신경언어 프로그램 NLP을 배웠다.

2006년 시너지플러스 주식회사를 설립해 영어회화 스쿨, 통신교육, 영어습득 세미나, NLP 세미나를 전개하고 있다.

지금까지 지도해온 수험생·일반인은 3천 명이 넘는다.

가속학습, NLP 등의 심리학을 비롯 마크로비오틱을 근간으로 한 코칭이나 영어학습지도는 뇌·마음·몸을 최고 상태로 높여 학습하는 방법으로 인정받고 있다.

저서로는 《언제나 의욕적인 영어공부법》, 《절대내정 면접승리학》, 《절대내정 이력서학》 등이 있다.

옮긴이 _박재현

1971년 서울에서 태어났다.

상명대 일어일문학과를 졸업하고 일본으로 건너가 일본 외국어전문학교 일한 통·번역학과를 졸업했다.

이후 일본도서 저작권 에이전트르 일했으며, 현재는 출판기획 및 전문 번역가로 활동 중이다.

역서로는 《머리 청소 마음 청소》, 《공부의 판을 바꿔라》, 《아침 30분》, 《씽킹 프로세스》, 《출세의 공식》, 《업무뇌》, 《하루 시간 사고법》, 《선을 넘지 마라》, 《니체의 말》, 《불안한 원숭이는 왜 물건을 사지 않는가》, 《마인드 핵 공부법》, 《하루에 한 번 마음 돌아보기》 등이 있다.

매일 아침 1분으로  부자 되기 연습

1판 1쇄 찍은날 | 2013. 2. 20
1판 1쇄 펴낸날 | 2013. 2. 25

지은이 | 미야케 히로유키
옮긴이 | 박재현

발행처 | 삼지사
발행인 | 이재명
디자인 | 글빛는 다락방

등록번호 | 제 406-2011-000021호
주소 | 경기도 파주시 산남동 316번지

대표전화 | 031-948-4502, 070-4273-4562
팩 스 | 031-948-4508

홈페이지 | www.samjisa.com
ISBN  978-89-7358-471-0   13320